谨以此书献给走进、了解和热爱山西的朋友们！

编著者 | 梁 铭

中国摄影家协会会员、中国艺术摄影学会会员、中国人像摄影学会会员、山西省作家协会会员、国家二级摄影师。

1945年生，山西省太原市人。早年从事医学工作20余年、铁路企业文化工作15年。

1998年获中国摄影家协会"德艺双馨"优秀会员、"中国优秀摄影家"称号，入载《中国摄影家全集》、《中国优秀摄影家》、《世界华人文学艺术家名人录》等。在全国30余家媒体发表作品，摄影作品多次获奖，出版有《梁铭摄影随笔》。

2013
最新全彩版
精彩山西游
JING CAI SHAN XI YOU
一册在手 自游山西

梁铭 编著

山西出版传媒集团
山西人民出版社

人说山西好风光

人说山西好风光　地肥水美五谷香　左手一指太行山　右手一指是吕梁
站在那高处望上一望　你看那汾河的水呀　哗啦啦啦流过我的小村旁……

想必您早已听过著名歌唱家郭兰英唱过的这首响遍华夏大地、优美动听的歌曲《人说山西好风光》。山西,以其独有的魅力吸引着天下华人和四海宾客。无论是旅游,还是美术写生、摄影创作、艺术采风,山西这片黄土高原,那无疑是一处积淀厚重、韵味深沉的绝佳之地。

一旦走进这片色彩斑斓的土地,它会令您目不暇接,欲罢不能……

穽底·太行风光/长治·平顺·石板岩乡

目 录

华夏文明看山西　　　　　　　　1
　　历史上的山西之最

你了解山西吗　　　　　　　　　5
　　历史渊源　地理地貌
　　行政地域　文物资源

世界文化遗产·云冈石窟　　　　12
　　云冈看点

世界文化遗产·五台山佛教圣地　20
　　一个美丽的传说　神游佛国圣境

世界文化遗产·平遥古城　　　　28
　　平遥看点
　　平遥国际摄影大展
　　金秋·感悟平遥

全国重点文物保护单位　　　　　36

省级重点文物保护单位　　　　　50

名山之旅　　　　　　　　　　　62
　　走进太行

黄河之旅　　　　　　　　　　　72
　　黄河·壶口　黄河·碛口
　　黄河·娘娘滩　黄河·老牛湾

草原之旅　　　　　　　　　　　78
　　高山草原(甸)　空中草原
　　幽静荷叶坪

黄土之旅　　　　　　　　　　　86
　　黄土奇观
　　大同土林·名声在外
　　榆社土林·深山奇观

赏花之旅　　　　　　　　　　　98
　　赏花时节
　　神奇花坡
　　古县赏牡丹,何须赴洛阳
　　走进山西的桃花源

生态之旅　　　　　　　　　　110
　　山西生态游景点
　　世外桃源——水磨头

水乡之旅　　　　　　　　　　118
　　壶关县八泉峡
　　边关水乡　平顺水乡

湖泊之旅　　　　　　　　　　126
　　山西湖泊　山西泉源
　　北方水城·沁县

森林之旅　　　　　　　　　　136
　　山西省国家级、省级和县级森林公园

溶洞之旅　　　　　　　　　　144
　　山西省境内已发现的溶洞
　　太行龙洞　万年冰冻　禹王洞

湿地之旅　　　　　　　　　　150
　　山西湿地精彩推荐
　　太原汾河城市湿地公园
　　太行国家城市湿地公园
　　天鹅眷恋的地方——圣天湖湿地

关隘之旅　　　　　　　　　　160
　　雁门关　历史上的山西古关隘
　　偏头关　宁武关　娘子关
　　杀虎口　边靖楼　旧广武
　　老牛湾堡　平型关　右卫镇
　　长城巡礼　山西历代长城遗迹寻觅

城堡之旅　　　　　　　　　　176
　　山西古城堡精彩推荐
　　砥洎·悠远岁月珍藏版
　　古太原县城　张壁古堡
　　中国古堡之乡——右玉
　　皇城相府　郭峪古城　镇边堡
　　宁化古城　广武古城堡

古村落之旅　　　　　　　　　190
　　山西省历史文化名镇、名村
　　后沟古村·中国农耕文化的瑰宝
　　大汖村·深山秘典
　　碛口·一个流淌故事的家园
　　光村·美丽而神奇的古村

大院之旅　　　　　　　　　206
　　山西大院知多少
　　王家、渠家、乔家大院　三多堂
　　常家庄园　百世传香——访柳氏民居
　　特别介绍:地窨院

寻根之旅　　　　　　　　　218
　　洪洞大槐树
　　追寻祖先踪迹　了解根系之源

民俗之旅　　　　　　　　　222
　　山西省国家级非物质文化遗产名录
　　正月里的山西

博物院之旅　　　　　　　　232
　　山西博物院
　　山西民俗博物馆　山西艺术博物馆
　　太原晋商博物馆　毛主席纪念馆

宗教之旅　　　　　　　　　244
　　山西重点寺庙
　　道教名山、宫观探幽

工业之旅　　　　　　　　　258
　　太原钢铁（集团）有限公司
　　中国煤炭博物馆

红海玻璃文化旅游产业园
杏花村汾酒文化景区
东湖醋园　宝源老醋坊

红色之旅　　　　　　　　　268
　　山西主要红色旅游景点
　　红色旅游精品线路

小吃之旅　　　　　　　　　274
　　山西小吃,让你爱个够
　　山西面食何等香
　　蒸制、煮制、烹制面食

特色之旅　　　　　　　　　290
　　山西主要特色之乡

山西各地特产　　　　　　　294

山西各地文化艺术节　　　　298
　　中式狂欢节——晋中社火
　　许村国际艺术公社

山西庙会　　　　　　　　　304
　　山西部分庙会介绍

山西重点风景名胜区　　　　310
　　国家级、省级风景名胜区

山西省部分旅游景点参考价格　312

介绍山西旅游的网站　　　　314

温馨提示　　　　　　　　　316
　　物品清单　注意事项　急救常识
　　山西省主要城市邮编、区号、车牌号
　　山西省主要便民服务电话

山西省部分旅行社　　　　　320
　　旅行社选择须知

山西省部分酒店宾馆　　　　324

山西省高速公路　　　　　　328
　　高速公路行驶注意事项

山西国道里程表　　　　　　333
　　太行山挂壁公路

山西各地省级公路里程表　　334

山西省高速公路示意图　　　336
　　太原市绕城高速示意图

太原站列车时刻表　　　　　338
　　山西省铁路示意图
　　部分火车票代售点电话

太原航班时刻表　　　　　　341
　　部分航空公司咨询电话、网站
　　山西省机场通航城市

山西省各地旅游局电话　　　342
　　旅游投诉电话

太原·长风文化商务区　　　344

后记　　　　　　　　　　　346

九龙壁局部(明)/山西·大同

华夏文明看

山西

五千年文明在中国
华夏历史看山西

铁人(宋)/太原·晋祠

中国古代寺观和墓葬壁画中 山西现存二四〇〇〇平方米 位居全国第一

中国四大著名佛国圣地中 山西有其一五台山

中国历史上四大美女中 山西有貂蝉和杨玉环

中国历史上唯一的一个女皇帝武则天 出自山西文水

中国历史上唯一的一个武圣关羽 出自山西运城

中国古代四大名著之一《三国演义》的作者罗贯中 出自山西清徐

中国古代唐宋八大家之一的柳宗元 出自山西河东（今永济市）

中国目前保存最为完整的四座古城之一的平遥在山西

中国历史上大唐『龙』兴之地在山西太原

中国第一黄色瀑布——壶口瀑布在山西吉县

中国历史上十大商帮中最早崛起的就是晋商

中国地下煤炭的储存量百分之七十在山西

中国古代大师级的人物山西占了八分之一

中国抗战历史上 山西是敌后抗日根据地中心

现代历史中 山西更有着值得自豪的若干个第一

历史上的山西之最

- 山西是中华文明发祥地之一 尧舜禹建都之地
- 中国最大的北魏云冈石窟群位于山西大同
- 中国五岳之一的北岳恒山位于山西大同浑源
- 中国最大的龙壁是大同明代代王朱桂府的九龙壁
- 中国现存最早唐代木结构建筑是五台山南禅寺大殿 佛光寺东大殿
- 中国现存宋辽金以前的木结构古建筑一六〇座 山西就有一二〇座
- 中国现存元代之前木结构古建筑约四四〇座 山西就有二五〇座
- 中国古代戏曲舞台中 山西现存二八八八座 位居全国之首
- 中国长城关隘中 山西现存战国至清代长城二五〇〇多公里 位居全国之首
- 中国最最老的唯一的辽代释迦木塔在山西应县
- 世界三大石佛之一的蒙山大佛在山西太原
- 中国古代建筑中 山西现有一八一一八多处 是我国现存各类古建筑最多的省份
- 中国古代彩塑中 山西被誉为『中国彩塑艺术博物馆』现存唐代以来彩塑一二七一二尊

不二寺壁画/太原·阳曲

你了解山西吗

历史渊源
地理地貌
行政地域
文物资源

侍女像彩塑（北宋）/太原·晋祠

历史 渊源

人生之旅，不可不到山西。山西，是中华民族的重要发祥地之一，有着灿烂辉煌的古代文明和博大丰厚的历史遗存。位于黄河以东，太行之西，自古被称为"表里山河"的山西，在春秋时期，大部分地区为晋国所有，故山西又简称为"晋"；战国初期，韩、赵、魏三国分晋，因而又有"三晋"之称；自清以来改为"山西"。山西是中华民族有史以来的一块宝地，沉淀与蕴藏着丰富、厚重的自然与人文地理。山西是一部历史的巨典，又是一幅波澜壮阔的画作。无论你是行游者，还是艺术家，这里都是绝好的观光旅游胜地和文化艺术宝库，是国内外热衷于旅游、历史研究和艺术探索的各界人士所向往的必到之处。

太原双塔／太原·永祚寺

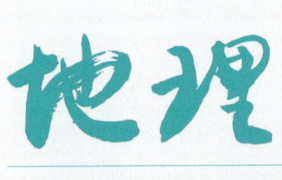
地理 | 地貌

山西，地处中国北部的黄土高原。东邻河北，西界陕西，南接河南，北连内蒙古自治区。黄土、黄河与山脉、盆地构成了它独特而多元的地理地貌。东有连绵400多公里的太行山，西临南北长300多公里的吕梁山。两山夹一川，由大同、繁峙、代县、忻州、太原、临汾、运城、长治等多个盆地组成。自古东有太行八陉可攻可守，西有吕梁倚黄河之险可恃，成为历史上兵家必争之地，也是北方少数民族欲霸中原的必经之路。自战国始，北域边关留下了历朝历代修筑的长城边城墙遗迹约1500公里之长。自古以来，这块土地上留下了许多金戈铁马之争的故事，长平之战、井陉之战、忻口会战、太原保卫战、上党战役、太原战役等为山西涂抹上了一层厚重的历史。山西有黄土地貌、高山峡谷、河流湖泊、草甸原野等多元的地理地貌特征。

山西地形示意图

图 例
- 省会
- 市行政中心
------ 省界

太原市 / 六区一市三县	迎泽区	杏花岭区	小店区	万柏林区	尖草坪区	晋源区	古交市	清徐县
	阳曲县	娄烦县						
大同市 / 四区七县	平城区	御东区	口泉区	新荣区	阳高县	天镇县	广灵县	灵丘县
	浑源县	左云县	大同县					
朔州市 / 二区四县	朔城区	平鲁区	山阴县	应县	右玉县	怀仁县		
忻州市 / 一区一市十二县	忻府区	原平市	定襄县	五台县	代县	繁峙县	宁武县	静乐县
	神池县	五寨县	岢岚县	河曲县	保德县	偏关县		
阳泉市 / 三区二县	城区	矿区	郊区	平定县	盂县			
吕梁市 / 一区二市十县	离石区	孝义市	汾阳市	文水县	中阳县	兴县	临县	方山县
	柳林县	岚县	交口县	交城县	石楼县			

行政

地域

山西省土地面积为15.67万平方公里，辖11个地级市，119个县、市、区。省会太原。

龙城新貌/山西·太原

晋中市/一区一市九县	榆次区	介休市	太谷县	祁　县	平遥县	灵石县	寿阳县	昔阳县
	和顺县	左权县	榆社县					
长治市/二区一市十县	城　区	郊　区	潞城市	长治县	襄垣县	屯留县	平顺县	黎城县
	壶关县	长子县	武乡县	沁　县	沁源县			
晋城市/一区一市四县	城　区	高平市	泽州县	阳城县	陵川县	沁水县		
临汾市/一区二市十四县	尧都区	侯马市	霍州市	曲沃县	翼城县	襄汾县	洪洞县	古　县
	安泽县	浮山县	吉　县	乡宁县	蒲　县	大宁县	永和县	隰　县
	汾西县							
运城市/一区二市十县	盐湖区	永济市	河津市	芮城县	临猗县	万荣县	新绛县	稷山县
	闻喜县	夏　县	绛　县	平陆县	垣曲县			

文物 资源

截至2012年6月，山西省统计不可移动文物有53875处，其中"全国重点文物保护单位"的数量居全国第一……

3处 世界文化遗产

平遥古城

五台山佛教建筑群

云冈石窟

452处　全国重点文物保护单位

309处　省级重点文物保护单位

云冈石窟

世界文化遗产

作为世界闻名的石雕艺术宝库之一、中国四大石窟艺术宝库之一、世界文化遗产、全国重点文物保护单位、国家5A级旅游景区的山西大同云冈石窟，是国内外各界人士来到山西的必到之处和向往之地。

云冈石窟群位于山西省大同市以西16公里处的武周山南麓，东西绵延约1公里，依山而凿，规模宏大，内容丰富，雕刻精细。现存主要洞窟45个，大小窟龛252个，造像51000余尊，雕像大至十几米，小至几厘米，是中国佛教艺术第一个巅峰时期的经典杰作。

有着1500多年悠久历史的云冈石窟，始建于公元460年。整个石窟分为东、中、西三部分。东部的石窟多以造塔为主，故又称塔洞；中部石窟每个都分前后两室，主佛居中，洞壁及洞顶布满浮雕；西部石窟以中小窟和补刻的小龛为最多。云冈石窟的洞窟类型多样，主要有大像窟、佛殿窟、塔庙窟。石窟中的乐舞雕刻，是古代各民族深厚悠久的民间乐舞艺术在此积淀。石窟雕塑的各种宗教人物形象神态各异，其独特的艺术风格，对研究雕刻、建筑、音乐、宗教都是极为珍贵的资料。

灵岩寺/大同·云冈石窟

云冈看点

名气 北魏王朝建都平城（今大同）期间留下的一座历史丰碑——云冈石窟，是世界遗产、国之瑰宝、大同的历史文化名片。

佛像 云冈石窟有许多佛像，如佛、菩萨、弟子、护法等，这些造像雕凿艺术精湛，形态各异，栩栩如生。

山形 位于大同城西的武周山，也叫武州山。云冈石窟于武周山南缘劈山开凿而成。

洞窟 洞窟类型多样、结构复杂的云冈石窟，主要有大像窟、佛殿窟、塔庙窟、僧房窟、禅窟等洞窟。其中大像窟、佛殿窟、塔庙窟三窟为云冈洞窟的主要类型。

食货街/大同·云冈石窟

灵岩寺·佛塔/大同·云冈石窟

灵岩寺·大雄宝殿/大同·云冈石窟

礼佛大道/大同·云冈石窟

壁画 以佛、菩萨、弟子、飞天为主要画面的云冈石窟,宛如一幅巨大的历史画卷,其中点缀着佛经故事画面,为云冈石窟增添了特有的艺术光彩。

楹联 石窟中留下的历代楹联,成为云冈石窟文化的亮点。如六窟里门正中悬康熙御笔"庄严法相"匾额。

历史 公元386年,鲜卑族拓跋部建立了北魏政权,于398年迁都平城(今大同)。从此,大同作为北方政治、文化中心达96年之久。

人物 在1500多年的春秋岁月中,云冈石窟留下了无数的名流学者、文人墨客、达官贵人等的辉煌佳作,丰富了云冈石窟的文化内涵。

技艺 云冈石窟乐舞雕刻,是古代多元文化结合的产物,目前存有各种乐器雕刻500余件,27种,乐队组合60余组。有佛界、俗界伎乐,也有壁面装饰性的姿态各异的伎乐。

寺庙 自辽代开始,云冈石窟前就营造有木结构的建筑,称为"十寺",又名"十名"。金代"十名"尚存,约在明中期以后,"十寺"始荒废。

昙曜广场/大同·云冈石窟

周边景点

注：地名后的数字代表大同市到该县的自驾里程（单位：公里）

- 土林/华严寺/九龙壁/永固陵
- 古城城墙/煤矿展览馆
- 大同市
- 右玉县 82
- 杀虎口
- 应县 89
- 应县木塔
- 阳高县 40 — 古长城
- 大同县 26 — 火山群遗址/吕家大院
- 浑源县 50 — 悬空寺/北岳恒山
- 灵丘县 136 — 桃花山/觉山寺

交通提示

北京→大同

自驾 八达岭高速—京张高速—宣大高速。345公里左右,行程约4小时,过路费130元左右。

火车 由北京至大同的火车有15趟之多,行程时间约6小时。

太原→大同

自驾 走大运高速到大同新建南路下高速,沿魏都大道行驶,到三岔口向左行驶,便是去云冈的快速通道。290多公里,行程3小时左右。过路费105元左右。

火车 从太原乘火车到大同市车次很多,行程时间约5至6个小时。在火车站乘坐3-2旅游专线到云冈石窟。

大同→云冈

市区至云冈约16公里。火车站坐3-2旅游专线；火车站坐4路到终点站,再坐3路即到云冈。

世界文化遗产

五台山佛教圣地

佛境五台山/忻州·五台

龙泉寺石雕/山西·五台山

- 一个美丽的传说
- 五台山佛教建筑
- 五台山主要景点
- 交通指南
- 旅游建议
- 特别提示
- 神游佛国圣境

晨课/五台山

一个美丽的传说

五台山在很久以前名为『五峰山』，传说，远古时代的五峰山常年酷暑，气候异常恶劣。文殊菩萨讲经说法来到这里，目睹苦不堪言的百姓众生，萌生慈悲之心，便装扮成化缘僧人，遥遥万里来到东海。当他来到龙宫门口发现了一块可以生凉去热的青石，于是求得龙王的帮助，把它带回气候炎热的五峰山。当把它放到五峰山的山谷时，瞬间，酷暑顿消，清凉无比。自此，荒凉的五峰山变成了草丰水美的天然牧场。放置清凉石的峡谷也被改称为『清凉谷』，五峰山更名为『清凉山』。

岁月悠悠，隋文帝闻听此事后，即下诏在五台山的五座台顶修建寺院供奉文殊菩萨，即后称东台顶的聪明文殊，西台顶的狮子吼文殊，南台顶的智慧文殊，北台顶的无垢文殊，中台顶的儒童文殊，随后历朝历代的君主和信徒，相继在此大修庙宇，便有了五台山以后的规模，秀丽的五台山，成了佛国之圣地，清凉避暑之佳境。上东台能看日出东方，登西台可赏皎月悬空；临南台观赏山花烂漫，去北台尽望雪染群峰。

这便是五台山由来的美丽传说。

集福寺/五台山

女子佛学院/五台山

五台山 佛教建筑

作为中国四大佛教名山之首、世界五大佛教圣地之一的五台山，也是国内唯一兼有汉传佛教和藏传佛教的佛教道场。同时，五台山也是位列中国十大避暑名山之榜首。

五台山是文殊菩萨道场，五座山峰分别供奉文殊菩萨的不同化身。五台山著名的寺庙有显通寺、塔院寺、菩萨顶、黛螺顶、广济寺、万佛阁等，是少有的中国各个朝代的寺庙集群之地。这里的古寺庙、建筑宏伟，风格各异。寺庙内的彩塑、壁画、雕刻等古代艺术品之多、之美，堪称佛教艺术的宝库。

黛螺顶/五台山

普会寺/五台山

五郎庙/五台山

五台山 主要景点

台内 南山寺 显通寺 塔院寺 殊像寺 菩萨顶 寿宁寺 碧山寺 普化寺 黛螺顶 栖贤寺 十方堂 圆照寺 观音洞 龙泉寺 罗睺寺 金阁寺 镇海寺 万佛阁 观海寺 竹林寺 集福寺

台外 延庆寺 南禅寺 秘密寺 佛光寺 岩山寺 尊胜寺 广济寺

南山寺 山西·五台山

1 佛光寺/五台山　　2 清凉寺/五台山　　3 南山寺/五台山　　4 龙泉寺/五台山

交通指南

五台山中心地区台怀镇：距五台县城78公里，忻州市150公里，太原市240公里。

自驾
北京六里桥—G4京石高速—廊涿高速—G5京昆高速—保阜高速—忻阜高速—五台山。
太原—忻州—顿村—忻阜高速—五台山口（约2小时）

电话
五台山售票处 0350-6542380
五台山长途汽车站 0350-6542299

火车
从北京站乘K601次火车到五台山（22:17—04:30）转乘班车，约1小时到达五台山。返程从五台山乘班车到火车站后乘K602次返北京（01:59—07:57）。
从太原出发，坐火车去繁峙砂河站下，再转汽车。
从上海、济南、石家庄、西安、郑州方向去五台山，可先乘火车到太原，在五一广场、太原东客站有长途车直达五台山。
呼和浩特、包头、大同游客可在原平、忻州各站下车，转汽车前往五台山。

汽车
北京六里桥客运总站乘汽车可直达五台山汽车站（约6小时）。
太原长途客运总站和太原客运东站有多次班车发往五台山（约4小时）。

旅游建议

- 凌晨可先到五爷庙进香,早餐后再登黛螺顶,前往黛螺顶有两条路可走,一条是走山前的1080个台阶而上的大智路,或沿山旁边的老路。
- 下午可往菩萨顶,菩萨顶下山后进显通寺,然后前往塔院寺,观标志性建筑大白塔,随后到殊像寺、清凉寺、金阁寺、龙泉寺等。
- 次日早可到南山寺、佑国寺、镇海寺、普会寺等。如时间充裕,可考虑择日再登东台看日出。

佛光寺彩塑/五台山

特别提示

- 五台山是佛教圣地,入乡随俗,注意宗教政策,遵守寺庙规则。
- 备好零钱,方便进香、购物所需。
- 见僧人可称『师父』,礼貌语多为『阿弥陀佛』。
- 五台山海拔为3061.1米,4月上旬至10月上旬,平均气温在10℃-20℃之间,夜间最低气温为8℃-17℃之间。10月下旬至次年4月上旬,日平均气温在0℃-10℃之间。注意防寒用衣。
- 夏季旅游湿度大,雨水多,需带雨具。若登东台观日出,注意防寒。5月以前和9月以后,公路易被积雪封堵,难以通行。
- 4月1日到10月31日为五台山旅游旺季。
- 冬季旅游11月1日到3月31日为五台山旅游淡季。冰天雪地中的五台山,宁静美丽,是另外一种风情。游览五台山时不但要注意气候、还要注意住宿。冬季五台山多数宾馆酒店停止营业。
- 五台山景区内有国有加油站,最高标号有97号汽油;自驾车请注意慢行,不可空挡滑行。

远眺菩萨顶/五台山

南山寺/五台山

神游

　　五台山，不仅以它壮美的高原自然景观闻名天下，更以它辉煌精美的古建筑艺术和众多的佛事活动著称于世。史书记载，盛唐时期这里的寺院曾达300余座，僧人云集，香火漫山。即使现在，仍近50座寺庙。其规模之大，艺术价值之高，历史之悠久都是无与伦比的。

　　台怀镇，好似一位历经沧桑的长者，目睹着这岁月的巨变。夜幕中的小镇，如繁星灿烂的星空。各色耀眼的灯光彼此闪烁，划破了沉沉的夜幕。诱人的风味小吃，清香四溢。吆喝声、鸣钟声伴以优雅的佛乐荡漾在这千年古刹的香火之中。

　　建于东汉的显通寺，俗称"祖寺"。凡朝山礼拜观光者，必先到此。步入塔院寺内，便可看到"如涌出"、"耸天宫"、"压神州"、"如鬼工"的大白塔，气势之雄伟，令人肃然起敬。这座建于明永乐年间，通高达75.3米的大白塔是台怀镇，也是整个五台山佛教建筑群的标志。在群山环抱中，它宛如一朵洁白的莲花，含苞欲放。每当清风拂过，垂吊在塔檐四周的252枚铜铃叮当作响，好不叫人悠哉悠哉。

　　昔日，只有重大佛事活动才热闹的寺院内，如今终日烟云缭绕，香客游人不断。人们怀着各自的心愿，翻山越岭，来到台山，将祈祷和祝愿尽留山中，把烦恼和抑郁抛之脑外，带着虔诚和轻松离此而去。佛教，对香客来说，是一种信仰，而对观光者而言，则是一种对文化或艺术的领悟。

　　一座寺院，一个传说。菩萨顶，坐落在台怀镇的极顶灵鹫峰上。相传《水浒传》中鲁智深大闹五台山就在此寺。有人告知，登上这108级石阶，象征一年欢乐，四季幸福。据说当年陈毅元帅留有"至今有余欢，曾踏菩萨顶"的诗句，以示登顶之悦。这座声名远扬的寺庙，相传是文殊菩萨的居住处，清代康熙、

　　这是个充满神奇的地方。每座山峰，每座寺院，都流淌着美丽的传说。历朝历代，无数名人雅士、香客游人来此祈祷祝福，寻奇探幽。五台山，不愧是中国四大佛教名山之首，五峰环抱，以其众多的古刹、文物及佛事和高原山水风情吸引着四方来客。

　　崇尚自然，访古探幽，是人生一大乐趣。春游台山，会被那满山遍野的春意所倾倒。山顶皑皑白雪，坡头沟底一片生机。蓝得出奇的天，绿得可爱的山。斑斓的山花在轻云薄雾中时隐时现，一派令人心旷神怡的原野风光。暑夏之际，更是避暑纳凉的好去处。秋分时节，驱车放情于群山之中，古刹庙宇点缀苍松翠柏之中，幽静而神秘。更让人陶醉的是，成熟的庄稼犹如七彩锦缎，在秋高气爽的阳光下闪着光彩，好一块风水宝地！否则，自公元58年东汉起，北魏、隋、唐直至清末，历代王朝便不会在此广建寺庙，我们也不会看到这凝聚着中华民族聪明智慧的艺术珍宝了。一次次的登台山，不论你是朝圣者还是观光者，都会为这山川的宽阔与博大、佛国的辉煌与悠久所吸引而留连忘返。

佛国圣境

显通寺铜殿（局部）/五台山

乾隆曾多次来台朝圣就息宿于此，留有"五台圣境"等多处御笔。该处也是五台山最大、最完整的喇嘛庙。看那皇宫式的建筑，金碧辉煌，巨大碑林石刻，古树相映伴以缭绕不绝的香烟，好一座幽静别致的古刹。

五台山，一部自然与历史相结合的微缩景观。每座古刹，每件珍品，都彰显着华夏民族的智慧。距台怀镇35公里外的佛光寺，是"国宝"，其塑像、壁画、墨迹连同古建筑堪称天下"四绝"。南禅寺，以其鬼斧神工的泥塑、石雕闻名中外；那传说能使人脱胎换骨、佛国重生的千佛洞令人神往；风光绝佳、松柏成林的镇海寺；留有慈禧太后亲笔"真如自在"、气宇轩昂的南山寺；以精雕细刻、生动逼真的汉白玉牌坊而诱人的龙泉寺；人称"不登黛螺顶，不算朝台人"的黛螺顶，登高远眺，胸襟顿开；更有那高险峻奇的观音洞、险峰之下的秘密寺……这说不尽道不完的名刹古寺，犹如一卷卷历史巨作在向游人述说着那漫漫的过去。在这一片艺术珍奇的浩瀚海洋中，让人尽情地去汲取祖国灿烂文化艺术的丰富营养。

游佛国，览圣境，去享受纯朴、惬意、快乐和宁静。你可放马于山坡绿野上；或去品尝佛家斋筵；或去看佛家诵经的虔诚，静听悠悠动人的佛堂音乐；也可等雨后于松林中摘采台山香蘑；在五郎庙遗址处凭吊当年杨家将的英灵。碰巧一年一度的骡马大会时，你可欣赏到精彩的民间艺术表演；假如你有运气，五台山的"宝光"会降临在你身边。

作为世界文化遗产的五台山，正以它崭新的姿态喜迎天下宾朋的到来。

朝拜圣境/五台山

世界文化遗产

平遥古城

平遥简介

于1997年12月被列入《世界遗产名录》的平遥古城隶属于山西省晋中市,是一座具有2700多年历史的文化名城。平遥古城与四川阆中、云南丽江、安徽歙县并称为中国"保存最为完好的四大古城",也是目前我国唯一以整座古城申报世界文化遗产获得成功的古县城。在平遥县境内的300多处遗存文物古迹中,有各级文物保护单位99处,其中国家

世界遗产委员会评价

平遥古城是中国境内保存最为完整的一座古代县城，是中国汉民族城市在明清时期的杰出范例，在中国历史的发展中，为人们展示了一幅非同寻常的文化、社会、经济及宗教发展的完整画卷。

级11处、省级8处，在全国县级城市中极为罕见。

平遥旧称"古陶"，明初始建城墙，洪武三年（1370）在旧墙垣基础上重筑扩修，并全

面包砖。历经各代修建始成现状。这是一座古代与现代建筑各成一体、交相辉映、令人遐思不已的佳地。

明清一条街/平遥

平遥 看点

平遥城墙 明洪武三年始建的平遥县城墙为方形，总周长6163米，墙高约12米。外表砖砌，墙外有护城河。城周设有六道门，东西各二，南北各一。东西筑以瓮城，有3000个垛口、72座敌楼。鸟瞰平遥古城，形同龟状，故有"龟城"之说，是山西现存历史较早、规模最大的一座古城墙。

镇国名刹 已有1000余年历史的名刹镇国寺位于古城北门外15公里处。该寺的万佛殿是中国排名第三的现存古老的木结构建筑，建于五代时期。殿内彩塑实为不可多得的雕塑艺术珍品。

双林古寺 位于古城西南7公里处的双林寺，始建于北齐武平二年（571）。寺内10余座大殿内保存有元至明(公元13—17世纪)的彩塑造像2000余尊，被誉为"彩塑艺术的宝库"。

古城墙/平遥

1 古城夜色/平遥　　2.3 特色饭店/平遥　　4 手工绣花鞋/平遥　　5 镇国寺/平遥

古民居群

古城自明洪武三年以来，原有格局基本维系，城内的重点民居均建于公元1840－1911年之间。古民居群落布局严谨，轴线明确，左右对称，庭院深深，具有浓郁的山西晋中的建筑特点。木雕、砖雕和石雕精美别致，是汉民族地区保存最完整的古代民居群落。

风俗民情

晋中社火、民俗表演同样也是平遥古城每年的重头戏。平遥的晋剧、高跷、抬阁、秧歌、舞狮、舞龙灯等，都有着鲜明的地方特色，是古城喜庆节日的主要内容。

平遥特产

推光漆器和布鞋。平遥推光漆器始于唐代，推光漆器古朴雅致，金碧辉煌，细腻滑润，经久耐用，诚为漆器中之精品。平遥推光漆器远销海内外。曾获全国工艺美术百花奖金奖、世界博览会优质产品奖。平遥布鞋以吸汗、舒适著称。设计憨态、典雅，尤其适用于女性和幼儿。

双林寺千手观音/平遥

平遥国际摄影大展

作为中国十大节庆之一，自2001年以来连续举办的平遥国际摄影大展，汇集了来自世界40多个国家和地区的摄影师在此举办摄影展。该摄影展日渐国际化、专业化、多元化，逐渐成为国际公认的兼具民族性与国际性的民族品牌，正在成为世界了解中国和山西的一个窗口。

平遥特产：漆器、牛肉、布鞋

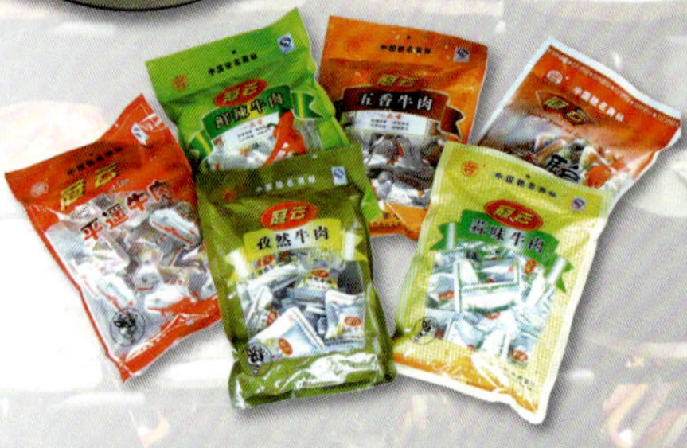

影展展区

县衙展区　　二针展区　　文庙展区　　土仓展区　　二郎庙展区
柴油机厂展区　　棉织厂展区　　城隍庙展区　　清虚观展区

晋剧·打金枝/平遥　　　　　　　　　　　　　　　　　　　庭院深深/平遥

交通提示

平遥距太原约99公里、距北京约610公里、距西安约600公里。

自驾　　北京到平遥　　北京→京石高速→石家庄→石太高速→太原→大运高速→平遥
　　　　　西安到平遥　　西安→西潼高速→风陵渡→运风高速→运城→大运高速→平遥
　　　　　郑州到平遥　　郑州→晋焦高速→晋城208国道→平遥
　　　　　太原到平遥　　108国道或大运高速

火车　　从平遥站可达太原、石家庄、临汾、运城等地。

汽车　　平遥长途汽车站发往太原班车平均20分钟一趟。

城内人力三轮车　　起价为每人次2至5元。

游览用电瓶车　　全程服务75元/车次；城区单景点旅游服务30元/车次，每加一景点另加10元；钟点旅游服务30元/2小时，超1小时另加10元；包车服务每车每天120元（8小时）。

（以上价格仅供参考）

电话　　平遥火车站　0354-5673197　　　平遥汽车站　0354-5690011

明清街之夜/平遥

金秋 感悟平遥

九月的平遥，秋高气爽，逛古城、访历史，韵味无穷。一座围城，沉淀了风雨春秋的沧桑岁月，涌动着大浪淘沙的人间佳话。留下的记忆，那是晋商人驰骋天下的见证。400多座保存完好的深宅大院里，雕刻着"日升昌"、"蔚泰厚"、"百川通"等无数先驱者发家振业的故事。悠悠"古陶"2700多年的历程，像一张张发黄的底片，见证着它遥远的过去、曾有的辉煌和巨变的今天。1997年12月3日，平遥古城，作为"中国汉民族城市在明清时期的杰出范例"走入了"世界文化遗产"的行列。厚重的古城，骄傲的古城，神秘的古城，留给了后人太多的财富和思索。

依旧的古城，岁月沧桑，大潮汹涌，再次泛起了青春的华彩。

沉睡的古城，因摄影的到来而激起了新的活力。自2001年首届平遥国际摄影节及以后的平遥国际摄影大展以来，一个高龄城池与现代意识的碰撞、一个围墙大院与影像图片的结合、一个跨越国度、无需用语言沟通的文化盛举，焕发出平遥潜在千年的活力。君不见，五湖四海汇入城池，天之四方欢聚一堂。大展的主题，从"世纪中国"、"生活·文化"、"文明·发展"到"和平·进步"、"多元·和谐"，再由"合作·共赢"、"生命·梦想"、"信心·力量"到"瞬间·永恒"、"回归·超越"和"走向生活的影像"。平遥的摄影大展，给年迈的古城带来了勃勃生机。透过这扇老城的窗口，大展使山西接收到了世界新鲜的气息，也使国人、海外之友，在领略文化大餐的同时，透过2700年的古老文化层，了解和感悟到了中国和世界各地的文明与进步。

跻身于熙熙攘攘的明清老街，徜徉在挂满摄影作品的四合院落，在曾经的厂房、巨大别致的展厅

里，悠闲、沉思于一幅幅光影的杰作中，浏览、品味在浓缩的地球里，东、西方文化结合产生的火花，更增添了古城博大的魅力。人们相见"OK！"，好似挚友相会。不同语言与肤色，在这里得到和谐的统一；追求与向往，在这里相融为一体；喜爱与憎恶，在这里有了认同的标准。来自五大洲的作品和大师名流的到来，让区区一城掀起了狂涛巨浪，把数以万计的观众带入了一个令你如痴如醉的艺术殿堂。古城成了不夜之地，琳琅满目的展位，高端艺术的论坛，图片市场的运作，夜幕下的荧屏亮相，饭后茶余的切磋，摄影的普及与提高讲座等等，应有尽有。古老的城池，宛如一个历史与艺术的巨大博物馆。平遥的先哲们怎么会料到，千年之后，这个被称作"陶"的故地，商与贸的发祥之处，竟会发生如此繁华的文化盛事！沉睡在古香古色的各种展柜里的平遥"见证"，惊讶地注视着这些"新宠"的到来。如此巨大的差别，又是如此完美的和谐，不正是老者的新生、古城的荣幸吗？

金秋的古城，色彩斑斓，承前启后，展望未来。品尝百年的"碗托"、回味无穷的"平遥牛肉"、慈禧太后用过的"长升源"黄酒，美味别致。精湛的"平遥漆器"，散发着夺目的光彩。步入"县衙"、

"文庙"及"镇国"、"双林"等名寺，静居在小巧古色的老宅四合院中，清风明月品农家。老友相逢，新朋汇聚，推杯换盏，其乐融融。仰视街井鼓楼，聆听古玩叫卖，解读千年之谜，沐浴在浓郁的民俗民风和积淀着众多财富的家园里，是何等的舒畅与快哉！这是一处展示着汉民族"礼制"的古老版本。黄土青砖的家园，蔚为大观的300余处历史文物，凝聚了华夏民族的精神瑰宝。在这片古尧帝封"陶"的风水宝地，正在演绎着一场承前启后的巨幕。平遥，手捧着由国家国际节庆活动权威机构颁发的"IFEA中国最具国际影响力十大节庆活动"奖的证书，在秋风送爽的季节里，迎接着更具看点的新一年的平遥国际摄影大展。

城内，盛事繁华；城外，风光无限。我们期盼着古城完美的保护与发展。试想，当古老融入现代，当历史汇入潮流，种种已知和未知的力量，将会产生出难以想象的巨变。国际友人评价道："平遥国际摄影节是一个坚持多视角观察别人，主张多样化、尊重不同习俗、不同文化差异的国际艺术平台。"

来吧！朋友，让我们再次相聚、交流在这金秋的平遥。

全国重点**文物**保护单位452处

(据山西省文物局2013年5月颁布最新统计数据)

太原 33 处　　运城 90 处　　阳泉 8 处　　朔州 5 处　　晋中 65 处　　长治 66 处
晋城 65 处　　大同 27 处　　忻州 24 处　　吕梁 26 处　　临汾 43 处

水神堂／大同·广灵

太原 33处

太原龙山石窟　**太原晋祠 ↑**
太原晋阳古城遗址　太原唱经楼
太原大关帝庙　太原文庙　太原纯阳宫
太原天龙山石窟 
太原窦大夫祠　太原王家峰墓群
中共太原支部旧址　太原天主教堂
太原清真古寺　太原崇善寺大悲殿
太原山西大学堂旧址　太原晋源文庙
← 太原太山龙泉寺　太原晋源阿育王塔
太原净因寺　太原明秀寺
太原多福寺　太原永祚寺
清徐尧庙　清徐狐突庙　清源文庙
阳曲辛庄开化寺　阳曲帖木儿塔
阳曲不二寺　阳曲大王庙大殿
阳曲前斧柯悬泉寺
古交千佛寺　古交遗址　娄烦古城遗址

运城 90处

↑ **解州关帝庙**　常平关帝庙　运城泛舟禅师塔　运城寨里关帝庙献殿　运城郭村泰山庙大殿
运城舜帝陵庙　运城盐池庙及盐池禁墙　运城盐湖太平兴国寺塔　运城关王庙
新绛绛州大堂【含新绛绛州三楼】　新绛光村福胜寺　新绛泉掌关帝庙
新绛北池稷王庙　新绛冯古庄墓地　绛州文庙　新绛阳王村稷益庙　新绛马光村白台寺
新绛乔沟头玉皇庙　新绛龙香村关帝庙　新绛龙兴寺　新绛三官庙
绛县长春观　绛县横北国墓地　绛县南樊石碑坊及碑亭　绛县乔寺碑楼　绛县周家庄遗址
绛县南柳泰山庙　绛县文庙　绛县灌底村景云宫玉皇殿　绛县董封村戏台　绛县太阴寺
夏县禹王村禹王城遗址　夏县司马光墓　夏县西阴村遗址　夏县东下冯遗址　夏县崔家河墓群
夏县大洋泰山庙　夏县薛嵩墓　夏县上冯圣母庙　夏县文庙大成殿
芮城永乐宫　芮城西侯度遗址　芮城广仁王庙　芮城城隍庙　芮城清凉寺　芮城坡头遗址　芮城河遗址
芮城东庄遗址　芮城西王村遗址　芮城巷口寿圣寺砖塔　芮城古魏城遗址　芮城金胜庄遗址

万荣东岳庙　万荣稷王庙
万荣后土庙　万荣万泉文庙
万荣中里庄八龙寺塔
万荣薛家庙及墓地
万荣南阳村寿圣寺塔　万荣稷王山塔
万荣李家大院　万荣旱泉塔
稷山马村砖雕墓　稷山南阳法王庙
稷山北阳城砖塔　稷山玉璧城遗址
稷山大佛　稷山青龙寺
稷山稷王庙　临猗临晋县衙
临猗妙道寺双塔　临猗程村遗址
临猗猗氏故城　临猗闾原头永兴寺塔
临猗张村圣庵寺塔　闻喜后稷庙
闻喜郭家庄仇氏石牌坊及碑亭
闻喜上郭城址和邱家庄墓群
垣曲宋村永兴寺　垣曲埝堆玉皇庙
垣曲二郎庙北殿　河津玄帝庙
河津台头庙　河津山王墓地
河津古垛后土庙
永济蒲津渡遗址与蒲州故城遗址
平陆黄河栈道遗址　平陆虞国古城遗址
平陆下阳城遗址　**平陆虞坂古盐道** ↓

阳泉 8 处

← 阳泉市郊关王庙
盂县大王庙
盂县府君庙
盂县坡头泰山庙
盂县藏山祠
平定冠山书院
冠山天宁寺双塔
平定开河寺石窟

朔州 5 处

朔州崇福寺　应县佛宫寺释迦塔　**应县净土寺** ↓　山阴广武汉墓群　山阴广武城

晋中 65 处

榆次城隍庙 ↑　榆次什贴墓群　平遥镇国寺　平遥城墙
平遥双林寺　平遥冀郭村慈相寺　平遥文庙　平遥清虚观
平遥金庄文庙　平遥利应侯庙　平遥清凉寺　平遥城隍庙
平遥日升昌旧址　平遥北依涧永福寺过殿　平遥梁家滩白云寺
　　平遥惠济桥　平遥南政隆福寺　平遥干坑南神庙
　　　　平遥襄垣慈胜寺　平遥雷履泰旧居　平遥市楼
介休袄神楼　介休后土庙　介休洪山窑址　介休张壁古堡
介休回銮寺　介休五岳庙　介休东岳庙　介休太和岩牌楼
　　　介休云峰寺石佛殿　介休源神庙　介休城隍庙
太谷安禅寺　太谷真圣寺　太谷光化寺　**太谷无边寺 →**
　　　太谷曹家大院　太谷净信寺　太谷新村妙觉寺
　　太谷范村圆智寺　太谷山西铭贤学校旧址　太谷孔家大院
　　灵石旌介遗址　灵石资寿寺　灵石晋祠庙　灵石后土庙
　　灵石王家大院　灵石静升文庙　祁县乔家大院　祁县兴梵寺
　　祁县渠家大院　祁县梁村遗址　寿阳普光寺　寿阳福田寺
寿阳孟家沟龙泉寺　榆社福祥寺　榆社崇圣寺　左权文庙大成殿
　　　　左权苇则寿圣寺　左权寺坪普照寺大殿
左权八路军前方总部旧址、八路军 129 师司令部旧址【并入】
　　和顺懿济圣母庙　昔阳崇教寺　昔阳石马寺石窟
　　　　昔阳大寨人民公社旧址

长治 66处

平顺龙门寺 ↑　　长治市观音堂　　长治郊区关村炎帝庙　　长治郊区马厂崇教寺
长治市潞安府城隍庙　　潞城李庄武庙　　潞城李庄文庙　　潞城原起寺
潞城东邑龙王庙　　长治县正觉寺　　平顺天台庵　　平顺大云院　　平顺淳化寺
平顺佛头寺　　平顺回龙寺　　平顺夏禹神祠　　平顺金灯寺石窟　　平顺西青北大禹庙
平顺北社三嵕庙　　平顺北社大禹庙　　平顺北甘泉圣母庙　　平顺明惠大师塔　　武乡大云寺　　武乡会仙观
武乡真如寺　　武乡洪济院　　武乡八路军总司令部旧址、八路军总司令部北村旧址【合并】　　长子法兴寺
长子天王寺　　长子小张碧云寺大殿　　长子崇庆寺　　长子布村玉皇庙　　长子前万户汤王庙　　长子下霍护国灵贶王庙
长子韩坊尧王庙大殿　　长子崔府君庙大殿　　长子义合三教堂　　长子大中汉三嵕庙　　长子中漳伏羲庙
沁源灵空山圣寿寺　　沁源太岳军区司令部旧址　　襄垣文庙　　襄垣五龙庙　　襄垣永惠桥　　襄垣昭泽王庙
襄垣灵泽王庙　　沁县大云院　　沁县普照寺大殿　　沁县南涅水石刻　　沁县南涅洪教院　　壶关三嵕庙
壶关真泽二仙宫　　壶关庄头天仙庙　　黎城黄崖洞兵工厂旧址　　黎城西周黎侯墓群　　黎城城隍庙
黎城幸村天齐王庙　　黎城长宁大庙　　长治县北和炎帝庙　　长治县正觉寺　　长治县玉皇观　　长治县潞安府衙
屯留宝峰寺　　屯留先师和尚舍利塔　　屯留石室蓬莱宫　　**平顺九天圣母庙 ↓**

晋城 65处

晋城二仙庙　泽州青莲寺　泽州岱庙　泽州碧落寺
泽州北义城玉皇庙　泽州周村东岳庙　泽州大阳汤帝庙
泽州水东崔府君庙　泽州坪上汤帝庙　泽州府城关帝庙
泽州薛庄玉皇庙　泽州景德寺　泽州史村东岳庙
泽州西顿济渎庙　泽州河底成汤庙　泽州尹西东岳庙
泽州坛岭头岱庙　泽州川底佛堂　陵川南吉祥寺
陵川北吉祥寺　陵川小会岭二仙庙　陵川西溪二仙庙
陵川龙岩寺　陵川崔府君庙　陵川塔水河遗址
陵川玉泉东岳庙　陵川石掌玉皇庙　陵川白玉宫
陵川南神头二仙庙　陵川寺润三教堂　陵川三圣瑞现塔
陵川崇安寺　陵川南召文庙　陵川北马玉皇庙　高平姬氏民居
高平崇明寺　高平开化寺　高平游仙寺　高平定林寺
高平西李门二仙庙　高平中坪二仙宫　高平二郎庙
高平清梦观　高平古中庙　高平三王村三嵕庙　高平嘉祥寺
高平大周村古寺庙建筑群　高平董峰万寿宫　高平仙翁庙
高平建南济渎庙　高平石末宣圣庙
高平良户玉虚观　高平南庄玉皇庙　阳城下交汤帝庙
阳城开福寺　阳城润城东岳庙　阳城海会寺 →
阳城郭峪村古建筑群　阳城砥洎城　阳城陈廷敬故居
沁水柳氏民居　沁水湘峪古堡　沁水郭壁村古建筑群
沁水窦庄古建筑群　高平羊头山石窟 ↓

大同 27处

大同云冈石窟　　**大同方山永固陵遗址 ↑**　　大同善化寺　　大同华严寺
大同平城遗址　　大同九龙壁　　大同禅房寺塔　　大同观音堂
大同城区关帝庙大殿　　大同煤矿万人坑　　大同山西省立第三中学旧址
浑源悬空寺　　浑源荆庄大云寺大雄宝殿　　浑源栗毓美墓
浑源圆觉寺塔　　浑源律吕神祠　　浑源文庙
阳高许家窑—侯家窑遗址　　阳高古城堡墓群　　阳高云林寺
灵丘曲回寺石像冢　　灵丘觉山寺砖塔　　灵丘平型关战役遗址
天镇慈云寺　　天镇沙梁坡汉墓群　　广灵水神堂　　**浑源永安寺 ↓**

忻州　24处

代县边靖楼 ↑　　忻州金洞寺　　五台南禅寺大殿　　五台佛光寺　　五台县罗睺寺
五台广济寺大雄宝殿　　五台延庆寺　　五台山建筑群【显通寺、碧山寺、塔院寺庙、菩萨顶】　　五台徐向前故居　　五台县南茹八路军总部旧址　　代县阿育王塔
长城雁门关段（含白草口长城）　　代县文庙　　繁峙岩山寺　　繁峙三圣寺
繁峙公主寺　　繁峙秘密寺　　繁峙正觉寺大雄宝殿　　定襄洪福寺　　定襄关王庙
定襄西河头地道战遗址　　定襄阎家大院　　原平惠济寺　　**五台白求恩模范病室旧址** ↓

吕梁 26 处

临县碛口古建筑群 ↑　汾阳东龙观墓群　汾阳太符观
汾阳五岳庙　汾阳文峰塔　汾阳杏花村汾酒作坊
汾阳柏草坡龙天土地庙
石楼后土圣母庙　石楼兴东垣东岳庙
离石马茂庄汉墓群　离石安国寺　离石天贞观
交城玄中寺　交城卦山天宁寺
柳林香严寺　柳林玉虚宫下院
← 文水则天庙　文水上贤梵安寺塔
孝义三皇庙　孝义慈胜庙　孝义天齐庙　孝义中阳楼
临县义居寺　临县善庆寺
兴县晋绥边区政府及军区司令部旧址
方山南村城址

临汾 43处

襄汾丁村遗址　襄汾陶寺遗址
曲沃曲村天马遗址　侯马晋国遗址
吉县柿子滩遗址　洪洞关帝庙　洪洞商山庙
洪洞净石宫　洪洞广胜寺　洪洞玉皇庙
曲沃羊舌墓地　安泽麻衣寺砖塔
安泽郎寨砖塔　襄汾襄陵文庙大成殿
襄汾灵光寺琉璃塔　襄汾丁村民宅
襄汾汾城古建筑群　襄汾普净寺
临汾牛王庙戏台　临汾尧都东羊后土庙
临汾尧都王曲东岳庙　临汾铁佛寺
曲沃南林交龙泉寺　曲沃东许三清庙献殿
曲沃大悲院　汾西师家沟古建筑群
霍州州署大堂　霍州窑址　霍州观音庙
霍州娲皇庙　翼城石四牌坊和木四牌坊
翼城樊店关帝庙　翼城四圣宫
翼城南捍东岳庙　翼城乔泽庙戏台
隰县鼓楼　隰县千佛庵
隰县七里脚千佛洞石窟
永和文庙大成殿　浮山老君洞　乡宁寿圣寺

尧都尧陵 ↓　**蒲县柏山东岳庙** →

省级重点文物保护单位309处

(据山西省文物局2013年5月颁布最新统计数据)

太原 13 处　大同 16 处　阳泉 3 处　晋中 17 处　忻州 43 处　朔州 17 处
吕梁 37 处　长治 25 处　晋城 25 处　临汾 57 处　运城 56 处

碛口古镇 吕梁 临县

太原 13处

娄烦高君宇故居 ↑　　太原东太堡遗址
太原孟家井瓷窑遗址　　太原督军府旧址
　　　　太原开化寺旧址及连理塔
　　太原山西国民师范革命活动旧址
　太原赵树理旧居（含沁水赵树理故居）
太原文瀛湖辛亥革命活动旧址
【革命烈士纪念碑并入】→
　　太原山西省立川至医学专科学校旧址
　　　　　　娄烦山城峁遗址
　清徐严香寺　　清徐香岩寺　　清徐清泉寺

| 大同 |  处 | 大同兴国寺　**大同鼓楼 ↑**　大同文庙
大同许从赟墓　大同吉家庄遗址　大同高山遗址
大同青磁窑遗址　左云古城墓群
广灵千福山汉墓群　广灵洗马庄汉墓群
天镇盘山石窟　灵丘赵武灵王墓　浑源恒山建筑群
浑源界庄遗址　浑源古磁窑窑址　浑源麻庄汉墓群 |

| 阳泉 |  处 | 平定石评梅故居
盂县大铁钟
盂县烈女祠 ↓ |

晋中 17处

昔阳卧佛寺 →
和顺荣华寺　和顺石牌坊
左权左权将军殉难处
榆社南村造像
榆社邓峪村石塔造像
榆社石塔　榆社庙岭山石窟
寿阳松罗院
祁县聚全堂药铺旧址
祁县镇河楼
祁县祁奚父子墓
← 太谷鼓楼　太谷白燕遗址
介休郭有道墓
平遥东大闫墓群
榆次猫儿岭墓群

忻州 43处

忻州北城门楼　忻州秀容书院　忻州忻口战役遗址　忻州元好问墓
忻州连寺沟墓地　忻州向阳遗址　五寨武州城遗址　五寨五王城遗址
河曲海潮庵　河曲岱岳庙　偏关护宁寺　偏关吴城遗址
保德林遮峪遗址　宁武汾阳宫遗址　宁武万佛寺　宁武宁化古城
原平朱氏牌楼　原平佛堂寺
原平崞阳文庙　原平土圣寺
原平普济桥　静乐文庙　静乐静居寺石窟
← 五台龙泉寺　五台圆照寺　五台南山寺
五台金阁寺　五台殊像寺　五台尊胜寺
五台晋察冀军区司令部旧址
五台狮子窝琉璃塔　定襄白佛堂
定襄留晖洪福寺　定襄白村遗址
定襄西社遗址　代县洪福寺砖塔
代县钟楼　代县洪济寺砖塔
代县晋王墓　代县赵杲观
代县东段景遗址　**代县杨忠武祠 →**
代县永和堡等三十九堡军事防御遗迹

吕梁 37处

↑ 岚县隋城遗址　　岚县秀容古城遗址　　**孝义临黄塔 →**
交口千佛洞　交口韩极石牌坊及韩极碑亭　交口红军东征总指挥部旧址　交城永福寺
交城古瓷窑址　交城竖石佛村摩崖造像　交城瓦窑遗址　方山鼓楼【观音阁】　方山贺龙中学
柳林双塔寺　柳林观音庙　柳林南山寺　柳林坪上遗址　柳林刘志丹将军殉难处
石楼仁泉寺　文水上贤遗址　离石文庙
兴县胡家沟砖塔　兴县"四八"烈士殉难处
临县乌突戍古城遗址　汾阳铭义中学　汾阳禅定寺　汾阳报恩寺　汾阳齐圣广佑王庙
汾阳峪口圣母庙　汾阳虞城五岳庙　汾阳堡城寺龙王庙　汾阳法云寺
汾阳后土圣母庙　汾阳关帝庙　汾阳狄青墓　汾阳北垣底遗址
汾阳峪道河遗址　汾阳杏花村遗址

朔 州 17 处

平鲁张马营古城遗址　　平鲁井坪南梁战国、秦汉墓群　　山阴王家屏墓
山阴沙彦珣墓　　应县田蕙墓　　繁峙古城遗址　　朔州城墙
朔州马邑墓群　　朔州梵王寺墓群　　朔州峙峪遗址　　怀仁鹅毛口遗址
怀仁金沙滩墓群　　怀仁丹阳王墓　　怀仁华严寺塔
右玉中陵古城遗址　　右玉威远墓群　　右玉安宁寺

长治 25处

沁源抗日阵亡将士纪念碑
黎城抗日三周年纪念塔
屯留崇福院　　屯留脑张遗址
屯留老爷山革命战斗遗址
壶关秦庄东岳庙　　壶关沙窟遗址
壶关常行村民兵抗日窑洞保卫战斗遗址
沁县阏舆古城及墓地
襄垣响堂山古建筑群　　襄垣石勒城遗址
长子文庙　　长子古城址及墓地
长子西旺墓群
潞城潞河古城及墓地　　潞城合室遗址
长治县都城隍庙
长治县东泰山庙
← **长治县南宋村秦氏民宅【含南宋高楼】**
长治县丈八寺塔
长治县八义窑址　　长治壁头遗址
长治八路军总部办事处故县旧址
武乡北良侯寸造像　　平顺虹梯关鸣

晋城 25处

沁水赵树理故居（与太原赵树理旧居合并）
　　沁水石塔　　沁水东峪村造像
　　沁水八里坪遗址　　沁水下川遗址
　　阳城寿圣寺及琉璃塔　**阳城文庙 →**
阳城屯城东岳庙　　陵川南庙宫　　陵川千佛造像碑
　　高平铁佛寺　　高平金峰寺　　高平资圣庙
　　　　高平清化寺　　高平千佛造像碑
　　　　　　　　高平长平之战遗址
泽州三教堂　　泽州天井关　　泽州高都二仙庙
　　泽州汤帝庙　　泽州高都东岳庙　　泽州景忠桥
　　　泽州景德桥　　泽州崇寿寺　　泽州高都遗址

58

临汾 57处

曲沃四牌楼 ↑　　临汾仙洞沟碧岩寺　　临汾尧庙　　临汾下靳遗址　　临汾高堆遗址　　临汾金城堡遗址
洪洞女娲陵　　洪洞马牧华严寺　　洪洞上张遗址　　洪洞上村遗址　　洪洞明代移民遗址　　洪洞碧霞圣母宫
洪洞永凝堡遗址　　洪洞师村遗址　　洪洞明代监狱　　洪洞泰云寺　　洪洞坊堆遗址　　洪洞侯村遗址
曲沃东许遗址　　曲沃方城遗址　　曲沃薛家大院　　曲沃望绛墓地　　曲沃古城遗址　　曲沃里村西沟遗址
翼城故城遗址　　翼城裕公和尚道行碑　　翼城苇沟—北寿城遗址　　翼城河云遗址　　翼城枣园—南撒遗址
翼城南石遗址　　霍州鼓楼　　霍州祝圣寺　　霍州韩壁遗址　　吉县挂甲山摩崖造像（含坤柔圣母庙）
吉县义尖—安平遗址　　吉县狄城遗址　　吉县大墓塬墓地　　蒲县薛关遗址　　蒲县腰东汉墓群　　侯马彭真故居
襄汾关帝楼　　襄汾大张遗址　　襄汾晋襄公墓　　襄汾赵康古城遗址　　襄汾南大柴遗址　　襄汾寺头遗址
襄汾沙女遗址　　浮山桥北遗址　　浮山文庙大成殿　　浮山清微观　　大宁芝麻滩遗址　　大宁翠微山遗址
吉县克难坡 ↓　　古县热留关帝庙　　汾西真武祠　　汾西追封吉天英碑　　乡宁千佛洞

运城 56处

河津高禖庙	河津真武庙	河津樊村戏台	河津镇风塔	平陆前庄遗址
平陆枣园村古墓群	平陆赵家滑遗址	永济董村戏台	永济杨瞻墓（包括墓地石刻）	
永济孟桐墓	永济解梁古城	永济韩楫墓	永济扁鹊庙	永济万固寺
永济栖霞寺塔群	永济杨博墓	永济高市村汉墓群	**永济普救寺塔 →**	
永济小朝村汉墓群	永济赵杏古墓群	永济叔夷伯齐墓	永济石庄遗址	
垣曲丰村遗址	垣曲铜矿遗址	垣曲南海峪遗址	闻喜文庙	闻喜裴柏碑馆

闻喜杨深秀墓　　闻喜伯里合不花墓　　闻喜裴行俭墓　　闻喜裴氏墓群　　闻喜回坑遗址
临猗薛道实墓　　临猗陈茂墓　　临猗王卓墓　　临猗猗顿墓
绛县居太遗址　　绛县晋灵公墓　　绛县晋文公墓　　绛县晋献公墓
万荣北辛舍利塔　　万荣荆村遗址　　万荣汾阴古城址及墓地　　夏县裴介遗址
夏县河东特委革命活动旧址　　新绛寿圣寺大殿　　新绛净梵寺大殿　　新绛马庄遗址
← 新绛绛守居园池　　新绛西尉遗址　　新绛光村遗址　　运城三官庙戏台　　运城侯村墓群
运城张村墓葬群　　运城安邑古城遗址　　运城西曲樊遗址

山西，一个多山的省份。它东依太行山，西靠吕梁山，北有北岳恒山、五台山，南矗中条山，中立太岳山。山脉绵延，群峰鼎立。置身于气势非凡的大山，你会感觉到一种苍凉、久远和伟岸；你会体会到一种精神，一种力量的感染和传递；当看到一处美景你会不由自主地展开想象的翅膀……

山西，也是全国唯一同时拥有五岳之一北岳恒山、五大镇山之一中镇霍山和四大佛教名山之一五台山的省份。山西之山具备高大、古老、名山多的特点。山西境内有60余处名山，诸如绵山、藏山、灵空山、龙山、冠山、仙堂山、珏山、云梦山、方山、历山、姑射山、卦山、析城山、人祖山、太阴山和天涯石鼓山等等。每一座山的由来，都有其悠远的过去和不尽的话题。正是这众多的名山，演绎了许多动人的历史典故，更引发了海内外游人的兴趣。

众山之中，尤属太行山脉蔚为壮观。太行山，

又名五行山、王母山、女娲山，跨越北京、河北、山西、河南四省、市。巍巍太行，中华民族的脊梁。而山西晋城陵川的王莽岭，则是太行绵延八百里的精华之处。来到山西，不能不看山，尤其是太行山。

太行山脉中的另一个看点，就是太行大峡谷旖旎的风光，自然景观和人文景观交融。大自然鬼斧神工，造就了八泉峡、青龙峡、红豆峡等峡谷奇景、山水林石美景，在黄土高原上，造就了一处神奇之地。

名山
之 旅

王莽岭·抚琴台/晋城·陵川

1. **北武当** / 吕梁·方山　南有湖北武当，北有方山北武当，一南一北遥相呼应，同是道教名山。

2. **仙堂山** / 长治·襄垣　名山藏高僧的襄垣仙堂山，幽深而峻美。据说，东晋高僧法显曾在此修行。它不仅是一处佛教圣地，"山中林隐仙堂寺，绝顶空悬娲皇宫"，而且是景色诱人的风景区，奇峰峥嵘，青山叠翠，岩洞神奇多姿。

3. **芦芽山** / 忻州·宁武　在明代就被推崇为"全晋崇山第一"、地处晋西北的芦芽山，奇峰峻岭，为世人所赞。

4 **天龙山**/太原　位于太原西山的是包括天龙山、崛㠚山、蒙山、太山、悬瓮山等的历史名山群，著名的世界第三石佛蒙山大佛便居于此。

5 **石鼓山**/忻州·原平　五台山脉石鼓山风景独特，山峰上有巨石突出，形似石鼓，诗人元好问赞曰："唤起山灵槌石鼓，汉女湘妃出歌舞。"

6 **武乡板山**/长治·武乡　群峰绵延的武乡板山，是太行山的绝顶之地。极目远眺，雪后太行山峦好似波涛汹涌，一泻千里。

1 **北岳恒山**/大同·浑源 以道教闻名的北岳恒山,相传为舜帝所封,与东岳泰山、西岳华山、南岳衡山、中岳嵩山并称为五岳,名扬海内外。

2 **绵山**/晋中·介休 介休绵山,因春秋晋国介子推携母隐居而被焚的典故而享誉海内外,更以其奇峰秀水、古柏苍松、唐碑宋塑、名刹大殿而引人入胜。

3 **藏山**/阳泉·盂县 位于太行山西麓,境内千峰叠嶂,古刹栉比。春秋时曾藏匿赵氏孤儿而得名,被视为圣洁忠义之地,故有晋东第一名山之誉。

1 **五老峰**/运城·永济 永济之五老峰，作为道教文化名山，历史上曾是"道家天下第五十二福地"，素有"北有五台观庙宇，南在五老看风光"之说。游客到此，好似人在画中游。

2 **霍山**/临汾·霍州 中国五大镇山之一的霍山，尤以七里峪、悬泉山为代表，山川奇秀，风光旖旎。

3 **灵空山**/长治·沁源 太岳山脉腹地的沁源灵空山，是一处幽静清雅之地。除古建筑遗存外，其古树松柏的知名度也很高，林海碧波，造型奇特。树围5米之多、身高40米有余的"九杆旗"巨松，成为灵空山的标志。

4 **觉山**/大同·灵丘 位于"太行八陉"中的第六陉蒲阴陉，处于著名古道的要冲位置。觉山有觉山寺，为魏孝文帝于北魏太和七年（483）专为报答母恩而敕建的一座皇家寺院。

5 **姑射山**/临汾·汾西 临汾市附近的姑射山，一

座美景、灵性十足的名山。耸峰幽谷，松柏苍郁。尧与夫人相逢而结为夫妻的传说就发生在这里。

6 **大同火山遗迹**／大同　大同火山群分布于大同盆地的东部，有黑山、金山等22余座火山遗址，分布面积约50平方公里。大同火山群为黑龙江五大连池、吉林伊通、云南腾冲、台湾大屯、新疆卡尔达西火山群等六大著名火山群之一。

走进太行王莽岭

金秋十月，走进充满色彩、令人激奋的八百里巍峨太行山脉的南端——山西省晋城市陵川县的王莽岭。距陵川县约50公里处的王莽岭，地处太行山与中州平原的断裂带，海拔1760米，是苍天的得意之作，具有雄、峻、险、奇、美的特色。步步奇岩怪石，处处险峰峻岭，满目峡谷悬崖……

凌晨在三面绝壁、险象环生的"勒马崖"去观日出，是一件震撼心灵的快事。一道绵延山峰的剪影，在晨曦中好似黄山的始信峰。天际处霞光微见，放眼望去云层平静，天地间形成了一道整齐的分割线。夜幕渐去，天空由浅而深呈红色、金黄色，终于在天际跃出了一轮火红的朝阳，群峰尽染。云海中浮现的山峦，犹如汪洋中行驶的航船，磅礴辉煌。伴随着日出太行，不禁高歌四起："红日照遍了东方……"

这里处处皆景，如"点将台"、"试胆石"、"姊妹峰"、"藏春宫"、"抚琴台"、"空中古堡"等等。位于景区东侧的"散花台"尤其诱人，一柱天然奇峰的平台形成了自然的观景处，视野开阔，一览无余。谷底深不可测，秋后的梯田裸露着褐红色的躯体仰卧山间，炊烟袅袅，一片虚幻之境。望此景，不禁大呼：真乃天成佳作！再望"王莽观阵"，好似千军万马列队待征，一派大将风度。王莽岭——太行山的绝顶！登岭览胜，处处惊人。红褐色的山岩石壁好似太行汉子的铜臂铁躯，让人感到一种不可抗拒的力量所在。只有立身此处，才会感受到歌中所唱的"千山万壑，铜壁铁墙，抗日的烽火燃烧在太行山上……"那磅礴的气势和撼人的内涵。

这里随处可见足以引发奇思幻想的景致。让人称奇的另一处景点名为"石库全书"。称其"石库"是因为以巨石堆积而成，又名"全书"是因层层相叠，其形酷似放大的书本。"石库全书"题点得绝妙，到此，仿佛进入一个远古世纪的博大图书馆。那一堆堆巨大的石书，不，是天书，等待你去探幽、解密。或许那其中藏匿着人类远古发展的奥秘，记载着宇宙世界的变迁。有趣的是，当我们准备拍摄时，那谷底涌起的漫天云雾，使"石库全书"时隐时现，仿佛告诫我们：天机不可泄露。

再看那近乎直上直下的"十八盘"石阶，如同天梯一般，盘曲在悬崖陡壁上。拾级而上，犹如登上天庭；由顶而下，便走入一个幻境。一个个不知名的奇峰怪柱从雾海中拔地而起，直刺苍天。游人惊呼：这不是张家界的金鞭岩吗？

名山必有故事。相传西汉时王莽追刘秀曾在此扎寨安营，演绎了一番惊天动地之举，故得名王莽岭。这远古的造物与诱人的传说相融合，更为这巍巍太行平添了许多神秘色彩。

感叹了变化万千的云山幻影和千仞峭壁之后，再漫步松林，微风中聆听松涛阵阵，小憩在林间石凳旁，品吸着清新的空气，对于我们这些被水泥钢筋久困的都市人来说，莫不过是最奢侈的享受了。

快哉！走进太行。

交通提示

自　　驾	郑州—晋城—陵川166公里	北京—晋城—陵川756公里
	天津—晋城—陵川946公里	太原—长治—陵川354公里
铁路·公路	郑州—晋城—（公路）陵川259公里	北京—晋城—（公路）陵川787公里
	天津—晋城—（公路）陵川878公里	太原—长治—（公路）陵川300公里
航空·公路	上海—郑州—（公路）陵川1194公里	深圳—郑州—（公路）陵川2024公里
	北京—长治—（公路）陵川700公里	太原—长治—（公路）陵川300公里

黄河之旅

黄河，华夏儿女的母亲河，是中国第二大河。黄河流程达5464公里，流经9个省、自治区，犹如一条巨龙在中国北方蜿蜒流动。黄河较窄处只有50米，入海口河宽为1500米。黄河流域是中华民族的摇篮，也是世界古文明发祥地之一。

黄河在山西流经地段北自偏关县老牛湾入境，或舒缓，或奔腾，一泻千里，抵达芮城县风陵渡而东折，南至垣曲县碾盘沟出境，途经19县560个村庄，流程965公里。其中最为壮观的是黄河壶口瀑布。

壶口飞瀑/临汾·吉县

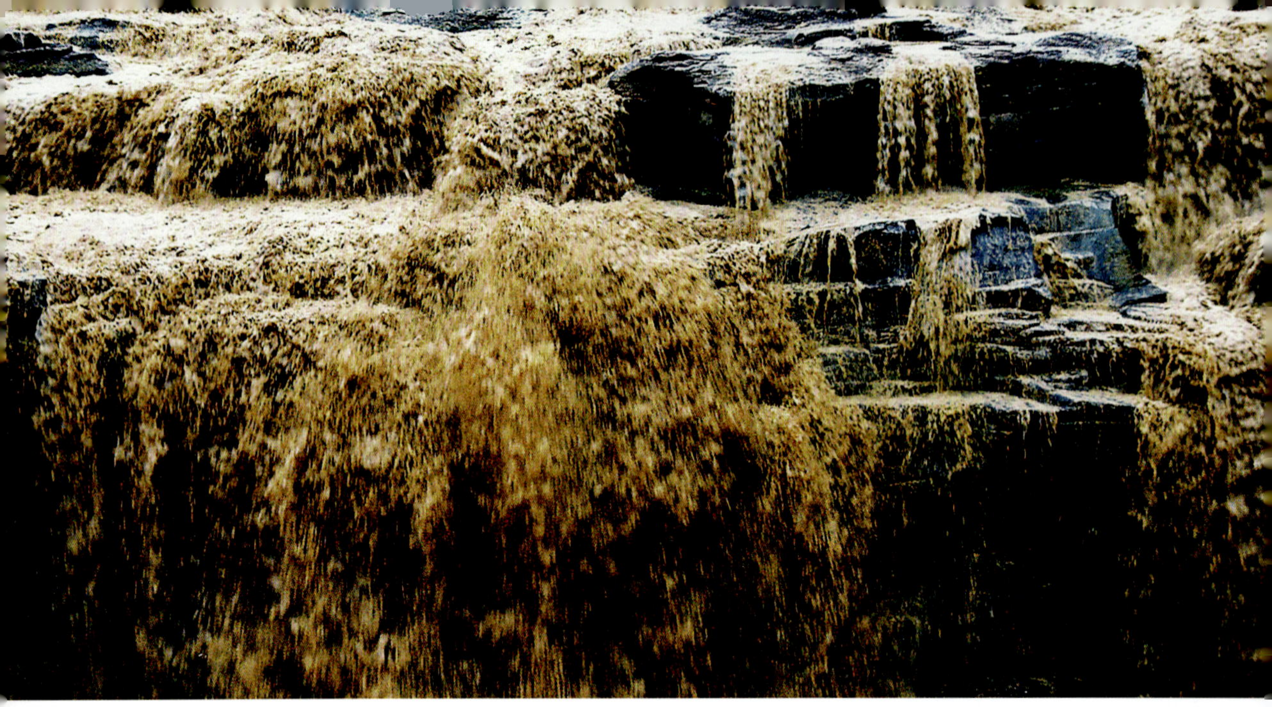

黄河 壶口 临汾·吉县

黄河中游流经山陕大峡谷形成的一个天然瀑布即壶口瀑布。壶口瀑布，是中国第二大瀑布，世界第一黄色瀑布。滔滔黄河水到此，300余米宽的洪流骤然被两岸岩石所束缚，在50米的落差中形成了上宽下窄的巨浪，翻腾倾涌，声势如同在巨大的壶中倾出，故名“壶口瀑布”。

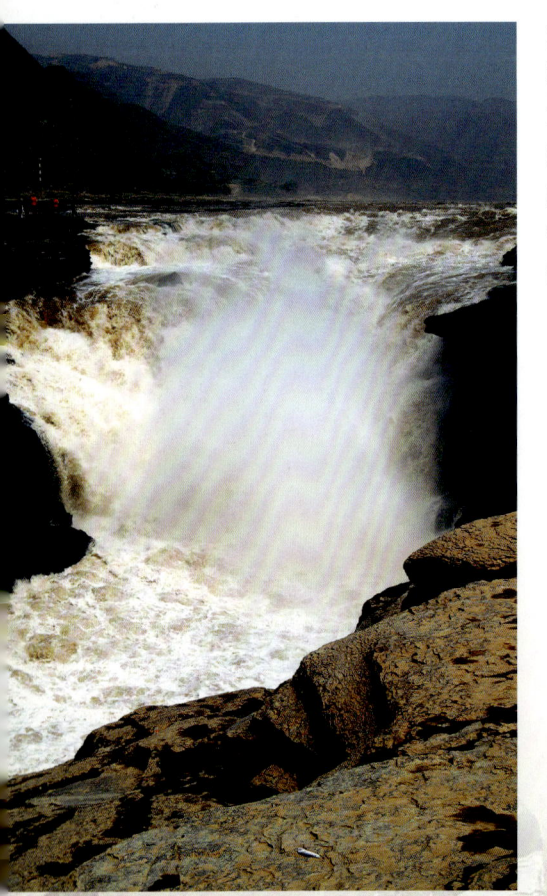

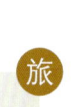

旅游佳季

旅游佳季分两个季节。**第一**是春季4－5月份（农历三月），河道冰崖消融，山桃花盛开，正值所谓『三月桃花汛』的季节。**第二**是秋季9－10月份。秋雨不断，山泉小溪汇入河道，时时可见彩虹出现，被称为『壶口秋风』。这两个季节，水流量大且平稳，河面可达千米左右。远远即可欣赏到黄水坠落深槽，浪涛翻起团团水雾和黄色烟云而呈现出的壶口『雾雨翻腾、水中冒烟』奇观。

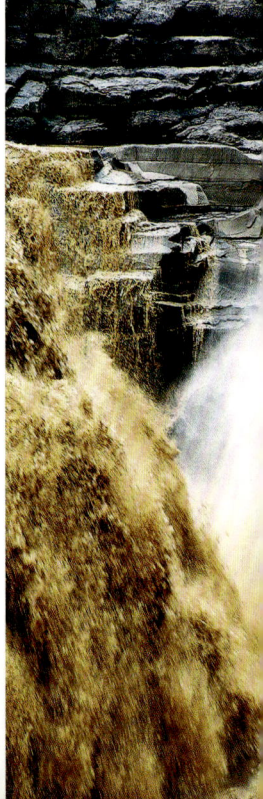

↘ **交通提示** 吉县距壶口瀑布约45公里，宜川县距壶口瀑布约49公里。

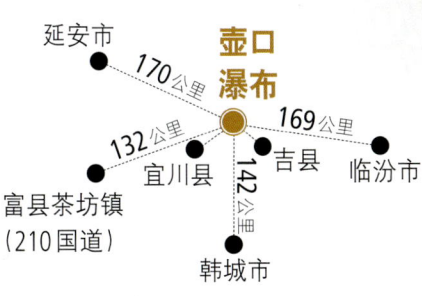

特别注意

瀑布两边的河岸全是较为平整的大岩石，表面覆盖着一层黄土，瀑布没有围栏，要注意防滑，特别要注意安全，不要站得太靠近；路途较远，最好带些食品及防风防寒防雨的工具和衣物。

周边景点

孟门月夜　镇河神牛　旱地行船　明清码头　清代长城　古炮台　梳妆台　克难坡……

八大奇观

水底冒烟　山飞海立　旱地行船　霓虹戏水　晴空洒雨　旱天惊雷　冰峰倒挂　十里龙槽

流经山西段的黄河,在山陕大峡谷中与黄土高原、两岸山峦形成了独有的地理风貌。

黄河 | 碛口
吕梁 · 临县

黄河至碛口一段形成了平缓的河面,山光水色,渔舟荡漾,宛如烟雨江南再现。位于碛口段的碛口古镇犹如一颗千年的明珠镶嵌在黄河岸边,其悠久的岁月流淌出古老的故事,吸引着四方游人。

黄河 | 娘娘滩
忻州 · 河曲

娘娘滩,一个美丽而富有迷人传说的小绿洲,位于河曲县城北的黄河河道中。滩上风光秀美、景色诱人,黄河水面在此形成了弯曲如带、极富韵律的画面。

黄河 老牛湾

忻州·偏关

母亲河养育了大地、山川和无数生灵，同时也形成了厚重而灿烂的黄河文化。令人叫绝的是，山西偏关老牛湾是山西境内长城和黄河唯一的一处交汇处。触景生情，使人遁入历史的隧道之中……

万家寨

来到黄河进入山西的第一站——老牛湾，人们惊奇地发现这里的黄河水是那样的宁静，水面犹如一幅舒展的绸缎，呈现出美丽的蓝绿色。因为有了『黄河万家寨水利枢纽工程』，所以高峡出平湖、黄水变清，亚洲最大最高的人行吊桥等成为奇观，黄河的急转弯——包子湾黄土、黄河和长城握手的地方——老牛湾，呈现出一幅美丽的景观。

草原之旅

说山西有草原，也许很多人不会相信；然而山西的特色就在于同一块地理位置上有黄土塬地貌，有奇峰峻岭的山川风光，也有一望无际的草原秀色，而且这里的草原更有其独特的容姿。到内蒙草原，是在平地看一望无际的草原，而在山西却是在高山之巅或高原上去目睹草原风光，有一种离天更近的感觉。所以，在山西去看草原，其实更准确地说是高原草甸。山西的山多，山西的高原草甸也多，而且各具风采，其中具代表性的有"空中草原"、"花坡"等，不信你就去看看……

荷叶坪风光/忻州·五寨

高山草原（甸）

山西草原、草甸

五台山 亚高山草甸
历山·舜王坪 亚高山草甸
宁武·马仑草原
灵丘·空中草原
五寨·荷叶坪 高山草甸
阳城·圣王坪 高原草甸
太原·娄烦·云顶山草甸
方山·南阳沟 亚高山草甸
方山·云顶山 真武草原
交口县·黄云洞 高山草甸
应县·跑马梁 高山草甸
吕梁·千年景区西华镇（关帝山） 亚高山草甸
灵石县·马和乡·云端牧场 亚高山草甸
中阳县·上顶山 高原草甸
广灵县·甸顶山 高山草甸

空中草原

被称为"空中草原"的地方，是山西灵丘县与河北蔚县交界处的甸子梁山，海拔2150多米、面积约3.6万亩，为高山草原。因其位于群山之上，置身草原，好似伸手能触天宇，才有了这个"空中草原"的美名。峰顶一马平川，天似穹庐，笼盖四野。夏季山花烂漫，牧草青青。秋季天蓝草碧，牛羊满山，是一处使人放松陶醉，心灵净化，休闲避暑，信马由缰，回归自然的好去处，难怪被人们叫做"天上人间"。（本版图片均为灵丘空中草原）

↘ **交通提示** 空中草原位于大同市灵丘县柳科乡刁泉村东南。空中草原距灵丘县城60多公里，没有班车前往，可从县城包车前往或自驾。

幽静 荷叶坪

眼前，一片弥漫的空间。在密林松柏的深处，草甸上的牛群悠闲地漫步，在时来时去的浓雾中时隐时现。空旷寂静，仿佛天地间关闭了所有的发音系统，只剩下忽隐忽现的图像，告示着这片尚存的天地。湿漉漉的草丛里，盛长的珍奇菌菇，期待着山民的采摘。放牛人的屋棚中，飘散着草蘑的清香。傍晚的密林间、细雨中，游荡着遐想和浪漫。纱幔似的流雾，正悄悄地把游人浸没在无奈的期盼中……

八月的高原草甸上，天气就好像是一位多愁善变的少女，忽阴忽晴，忽哭忽笑。昨日还是雾里看花，今朝却已晴转薄云，笑纳着远方的游人。荷叶坪，这片山西五寨的奇葩，清凉境地的亚高山草地，珍珠般的"海子"点缀其间。优良的森林，茂密犹如瀚海。宽阔的五寨沟里，奇石峡谷山泉涌动，流淌着清新和宁静，真是一处难得的人间幽境。

无论是清泉石上流的五寨沟景观，还是林密草茂的古烟坪；不管是奇峰怪石形成的石马圈，还是神秘幽静的四方林、放马由缰的荷叶坪景区，都会使你忘情于这绿野和幽径之中，去独享一份大自然的慷慨馈赠。远方游人，走进这片世外桃源时，会忘却这是在黄土遍野的山西，疑似坠入了青山秀水的南国。其实在山西，有很多这样的佳境。五寨荷叶坪，是这众多景观中的一颗颗璀璨的明珠之一。

海拔2784米的荷叶坪，一个美丽而富有诗意的地名。极目四野，绿海如毯。在这方圆约3.6

万亩的高原上、蓝天下,游人到此,顿感胸开襟阔。这里到处生长着一种形似荷花的野生植物,叫做"旱荷花",又因此地中心地带酷似一片略微卷起的荷花叶子,故历史遗留了一个"荷叶坪"的美名。荷叶坪,犹如一个巨大的盆景。舒缓起伏的草坪,凌厉怪奇的神石,似珍珠般的"海子"以及那早已坍塌的北齐长城遗迹,任你在自然、历史的天宇中徜徉。你可仰卧于草地上,望苍穹茫茫,思绪飞扬;或策马扬鞭,立将台之上,俯视群峰狂舞,去释放心情于山野之间。时而一团团白云,洋洋洒洒地飘过荷叶坪上空,是紫气东来,还是祥云盖顶?人们说,这是一种吉兆。优良的天然牧场,纯净的生态环境,使得这里的牛马膘肥体壮。游人快乐自如,与天地自然融为一体。古村小院,民俗风韵,处处乡情淳朴。春望满眼翠绿,酷夏消暑纳凉,秋绘七色彩诗,冬看银海世界。这里有着草原、高山、林海的风情,更有着一般草原、林海所无法比拟的综合韵味。色彩其间,神韵其间。它是一处相得益彰的景观,是大自然赋予五寨人民的一处富有灵性的宝地。作为国家级生态示范县,荷叶坪,不愧是山西黄土地上的一颗绿宝石。

暮色中的篝火,烈焰熊熊,驱赶着大山深处的寂寞和微微凉意。充满活力的舞者,随着狂起的乐曲,张扬着青春的魅力。五寨沟、荷叶坪,你为来者留下了一身的清气,留下了咀嚼不尽的回味。这山、这水、那草、那林,在这红尘滚滚的世界里,永远留住了一份深深的美好记忆。

芦芽山奇峰　　高山牧场

古烟坪　　北齐长城

食 宿
山区通讯信号弱
可在五寨沟荷叶坪风景区食宿
通铺火炕 条件中等 食堂就餐自理
夏季可在野外帐篷露营

电 话
0351-4068132
139 3422 8858

特 产
五寨烩菜 天然蘑菇
五寨粉皮 小杂粮 药材 ……

草原晨曦

荷叶坪风光

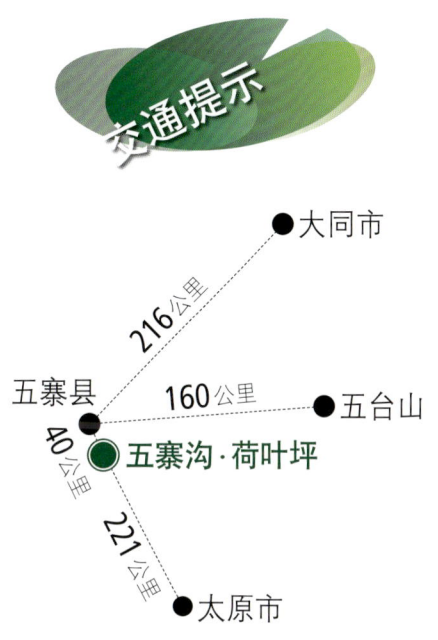

交通提示

密林旱荷

火车　太原→岢岚4615/4618次，五寨站下；大同→岢岚6834次，五寨站下。

自驾　北京→大同→大运高速→忻州市宁武县→五寨；太原→大运高速→忻州顿村（下高速）→上"忻五线"、"宁白线"公路→宁武东寨镇→转向五寨县，不进县城，左拐五寨沟、荷叶坪方向（有标志），实走221公里。

班车　太原东客站→五寨汽车站（上午11点发车）。景点间有短途班车。

怪石马圈

峡谷涧水

黄土 之旅

山西的地理结构属黄土高原地貌。步入南国，很多地方可以看到喀斯特地貌景致，而黄土土林奇观，仅在黄土高原上方可领略到。黄土土林，在特殊的地质结构、土壤成份、构造运动、水文气候、地形植被等多种因素相互作用下方能形成。因此，土林这种地貌形态在地质地理学科上就显得十分稀有、珍贵。云南元谋土林、江川土林、南涧土林、西藏峡谷土林都是比较著名的景观，而山西榆社土林、大同土林奇观，是山西的另一道风景线。对于久居都市的人而言，这些大自然的鬼斧神工、造化绝妙的诗情画卷，其中的神韵，使人在古朴沧桑中感悟到了孕育亿万年的远古气息，于奇异的造型中展开丰富的想象。

黄土塬风光／山西·吕梁

黄土奇观

忻州·河曲·赵家沟

观赏地点

太原·尖草坪柏板乡岗北村五指沟　　太原·阳曲县赵家沟　　大同·大同县杜庄
晋中·榆社枣林沟　　晋中·榆社禅隐山　　晋中·榆社云竹湖畔岩良村
晋中·榆社兰峪乡麻池垴村　　晋中·和顺县西社　　晋中·榆次寿阳间（尚景）
晋中·榆次庄子乡六台村　　忻州·保德县　　长治·武乡县
吕梁·柳林县留誉镇高家山村　　吕梁·柳林县三交镇后沟
吕梁·中阳县暖泉镇沙塘村后沟　　吕梁·中阳县武家庄镇
吕梁·临县三交镇霍家焉彩色土柱　　吕梁·临县冯家会盖石土林
吕梁·石楼县　……

太原·尖草坪

阳泉·盂县

晋中·榆次·庄子·六台

太原·尖草坪

吕梁·临县·碛口·冯家会

阳泉·盂县

晋中·太谷·石亩

晋中·寿阳·宗艾村

长治·平顺·西社

太原·阳曲

太原·阳曲·郭家堡

大同土林

名声在外

—— 大同·大同县·杜庄村 ——

  俗称"石板沟"的大同土林，是一片岁月积淀的黄土地貌。所谓"石板"，是一种多年沉积下来的盐碱钙化层。土壤剖面上可以看到钙化层、砂石、盐碱等和黄土叠压在一起。这里的土林，是水位下降、冰霜雨雪带来的水土流失而形成的独特景致。随着四季变化，雨水冲刷，构成了其特有的层次结构。在平整的地面之下，高低起伏的土林千姿百态，形成了鬼斧神工的艺术品。行走其间，不禁感叹这大自然雕琢成的神奇的艺术世界！

土林地带盐碱性极高，只有猫尾草和沙打旺这些耐盐碱、耐干旱的植物点缀着土林，给土林增添了一些生命的绿色。虽然"林"的高度不高，但它的神奇在于它的奇异造型，给人以无限的遐想空间。（本版图片均为大同土林）

↘ 交通提示

北京方向 从京大高速（宣大高速）浑源出口下，右拐（向北）行驶不足10公里，到大同县杜庄村，再左拐（向东）不远即到土林景区。

大同方向 从大同市区沿同（大同）浑（浑源）旅游公路往南约20公里即到杜庄。

榆社土林

距今已百万年之久的榆社土林,是目前世界上保存最完好、最典型的第四纪黄土地貌。得天独厚的土林中,下红上黄的土柱、土墙等历经岁月的洗礼,形成了姿态各异的景观。走进榆社乡野,土林地貌随处可见,尤以云竹镇枣林沟的土林景区、云竹湖畔土林和禅山土林景观为好。

晋中·榆社·枣林沟

交通提示

枣林沟土林

太长高速榆社南下 → 进榆社县城方向 → 经南王村左拐 → 过昌家沟沿沿乡村公路 → 枣林沟村

联系人电话：**138 3484 9624**（王女士）

禅山土林

位于榆社城西30公里处的禅隐山，沿崇圣寺下山道两侧可尽览黄土塬、梁、峁、沟谷犬牙交错之间的土林奇景。

云竹湖畔土林

太长高速榆社北下 → 经河峪乡 → 云竹湖畔岩良村，沿云竹湖畔可见大片土林与碧波湖水相映成趣，蔚为壮观。

枣林沟土林
深山奇观

—— 晋中·榆社·云竹镇 ——

游 在山西,无处不奇。走进山西省榆社县,让我感到为之一振的是这里的黄土地貌之奇特、之魄力。南国有石林,北国有土林。石与土,两种根本不同质地的物质,在相隔遥远的地域形成了各不相同的自然奇观,带给你独有的感受。黄土土林,是一种独特的雨水侵蚀地貌,历经地质的洗礼和岁月的冲刷,也就成为了一种自然奇观的精美艺术之作。山西榆社这块特殊的黄土地上,土林地貌随处可见,尤以枣林沟、云竹水库一带景观最佳,已被山西省有关部门标定为古生物化石省级地质公园土林重点保护区。

这里展示的土林作品,大多拍摄于"养在深闺人未识"的枣林沟。时值盛夏,浓郁的田园风情,撒满了这片黄土地带。几场雨水过后,正在扬花吐蕊的玉米齐刷刷地疯长,给黄土大地,涂抹了一层层生命之色。攀登山崖,极目远眺,碧海之中,一座座土林奇观令人称绝!俯视或仰观座座土林,或伟岸,或精巧;或神奇,或平凡。似长城蜿蜒,如长剑刺天;似老翁指路,如少女腼腆;像驼峰,似城堡;像神舟冲天,似中流砥柱……造型奇异,各显风骚。居高临下,远近皆景。黄土地貌的塬、梁、峁、沟交错其间,其景观远近高低各不同,大有一番出奇的意境。游土林,必以心悟景,镜头里面方可达到情景合一的境界。

日出日落,色彩形影在这里形成了一幅幅变幻莫测的大地风景画,留给人们遐想无穷的空间。试想,当金秋之际、飞雪之时,枣林沟的土林世界会是何等壮观!要想识得庐山真面目,恐怕还得一次次走进这片神奇的黄土地……

(本版图片均为榆社县枣林沟土林)

赏花之旅

杏花盛开长城下／大同·阳高

没来过山西的人，会以为在这片黄土高原上缺乏五颜六色的世界。其实，那是对它缺乏了解。在这片厚重的土地上，同样也有着独有的风采。当春风拂面之时，无论是古老的边关长城脚下，还是千年古寺旁、黄河飞瀑边，处处可见有别于南国的春光美景。大自然的精灵——百花，也同样会盛开在这片土地上。苍凉、壮美与妩媚多姿的景致相融，给人带来一种别样的感觉。越来越多的地方正在极力展示本地的异样风采，举办各类以花为媒的节日，为观光者带来更多的美和自然的享受。

赏花时节

 **4月**
- 阳高杏花节
- 尧都乡村风情桃花会
- 太原龙潭海棠文化艺术节
- 太原王家峰梨园
- 中国古县牡丹文化旅游节
- 阳泉桃花节
- 阳泉翠枫山山桃花节
- 原平梨花节
- 祁县梨花节
- 高平炎帝文化节梨花节
- 方山北武当山桃花节
- 隰县梨花节
- 清徐桃花节
- 长治北董桃花节
- 安泽黄花节
- 武乡故城镇权店赏花节
- 太谷省农科院果树所桃花节

 1月
- 太原晋之源花卉文化艺术节

 2月
- "世界之春"太原国际花卉博览会

 3月
- 阳城演礼杏花艺术节
- 灵丘桃花旅游节

 **5月**
- 原平上庄村梨花诗歌艺术节
- 太原双塔牡丹节
- 大宁桃花节

 7月
- 侯马月季花节
- 芮城县圣天湖荷花节
- 襄汾县荷花节

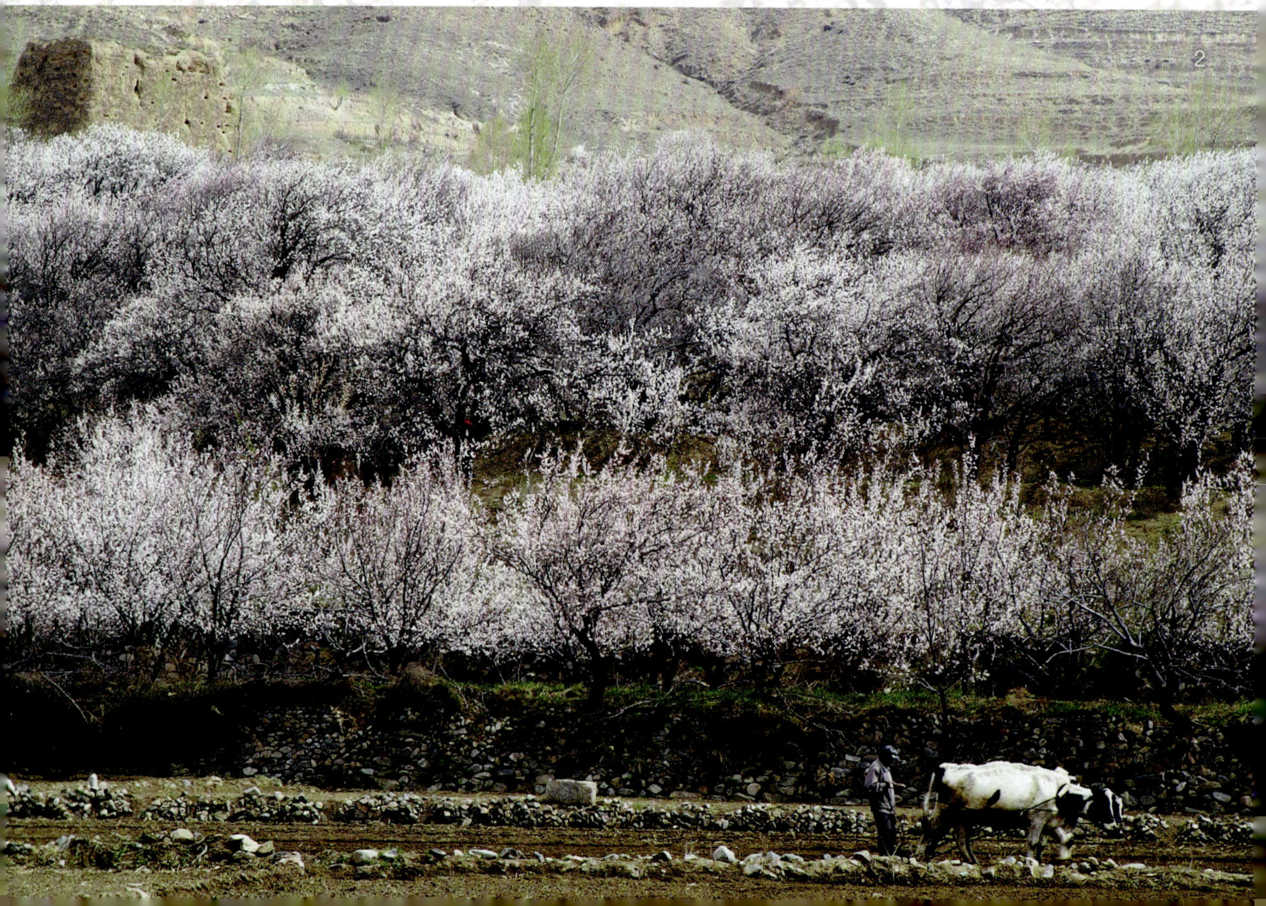

 8月
- 五台山南台花海
- 太原晋之源大寺荷风荷花节

 9月
- 太原晋祠菊花文化节
- 太原菊花节
- 太原崛崛红叶
- 沁源花坡
- 陵川红叶节
- 阳泉翠枫山红叶观光节
- 晋城珏山红叶

 10月
- 安泽红叶

1. 青春飞扬 / 阳城·演礼
2. 边关杏园 / 阳高·守口堡
3. 梨园闹春 / 太原·王家峰
4. 映日荷花 / 太原·汾河公园
5. 金秋赏菊 / 太原·晋祠公园

花坡/长治·沁源

神奇 花坡

花坡，一个动听的名字，源于一个美丽的传说。相传唐王李世民路过此地，望此景不由惊叹"好一个花坡！"。于是，花坡之名由此而来。花坡，位于山西省沁源县城西北、灵空山之北的王陶乡花坡村，海拔1800米的一面万余亩的山坡上。坡度平缓，遍生矮草类和豆科

类高山植物 120 余种,每年从 3 月份开始,各色花草争奇斗妍,被誉为"天然花园"。四季皆美,秋季格外五彩斑斓……登临游览,遍地花香,牛羊蹒跚,令人神清气爽。蓝天之下,各色花儿盛开在一面坡上,编织成了一个花的海洋、一幅独特的五彩地毯,别有一番情趣,吸引着四方游人。

花坡交通提示

自驾 太原→大运高速→平遥→沁源222省道（此路绕过绵山后山）→王陶乡（单程160公里）

汽车 太原建南汽车站→沁源（或郭道）→王陶乡→花坡村（包车）

1 山花烂漫／大同·阳高　　2 向阳花海／忻州
3 田园春色／大同·阳高　　4 梨花节／晋城·高平
5 迎春曲／晋中·榆次

古县
赏牡丹
何|须|赴|洛|阳

太原市

245公里

50公里

牡丹景区

临汾市

古县·石壁乡·三合村

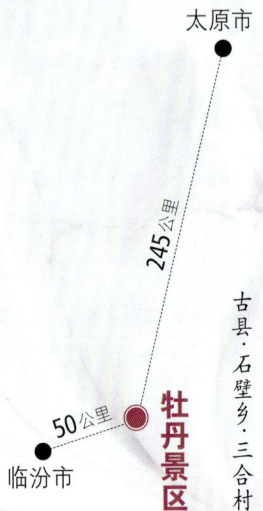

在山西省古县三合村有一株古老的白牡丹，是我国现存最大的野生白牡丹，据专家考证，距今已有1000余年的历史。其株高2.3米，冠幅33.2平方米，丛围16米，以其单株最大、花开最多、色泽淡雅而著称于世，被中国牡丹协会冠以"天下第一牡丹"之美誉。占地500余亩的牡丹园里，有白玉、魏紫、姚黄、香玉、二娇等名贵牡丹近70个品种、15万余株，还有30多个品种、20余万株的梅、银杏、柏等林木。园中还有获吉尼斯世界纪录高39米的汉白玉牡丹仙子塑像和60余米长的牡丹壁、80余块名人书画壁。每年4月牡丹花会时节，游客纷至沓来，尽赏千年牡丹之神韵，令人陶醉其中。

走进山西的桃花源

阳春季节,漫步黄土高原上,回荡天宇的是那动人的曲曲山西民歌:"桃花来你就红来杏花来你就白,漫山遍野向阳开呀啊个呀呀呆,翻过那桃花岭来蹚过那杏花海,憨憨的哥哥他看花呀啊个呀呀呆,啊花丛里小阿妹摘一朵山花戴……""屋上春鸠鸣,村边杏花白……"无论在原野上,还是峻岭中;无论在农家小院里,还是古庙残寺旁,那属于自然的、平凡的、大众的所爱,百姓的圣花——山丹丹、蒲公英等无数无名的山花,尽展芳容。在最后一点残雪融入黄土、小草悄然钻出大地后,暖暖的春风,便将孕育了一个冬天生命的杏花、桃花花蕾吹开了满山遍野的云霞,展示出了又一个年头的希望……山西的天镇、阳高县,是三晋北部边陲。数百年的古长城蜿蜒不断,形成了一道道壮观的边塞军事景观。而一年中最为美好的季节要数杏花盛开的日子了。巨龙般的长城下、宁静古村田园旁,片片彩云般的杏林,带来了边陲早春的讯息。古老的回音中,混合着新生的韵律。或成片,或成行,或散点,与早春的淡绿、高原的黄土、城堡的青砖、蓝天白云构成了油画般的天然之作。点点彩云间,牛走田垄,农人耕作,撒肥点种,播种希望。片片杏花雨中,靓男俊女,追逐青春,好不快意。一年一度的杏花节,就在这画意般的大境中上演。颇具地方特色的阳高二人台高亢潇洒,令人痴迷。诗情画意般的美景吸引着四方宾客在这彩云如林、天高地阔的境界中忘我神游……

宋人陆游云:桃花烂漫杏花稀,春色撩人不忍为。阳泉的桃花节,又是一道亮丽的风景。阳泉,这座富有神奇色彩的城市,既是重要的军事要塞,也是交通要地和著名的"煤炭之乡"、历史上百团大战主战场之一。郭沫若留有"飙轮迎月入阳泉,灯电照明半壁天。争赞浑如到香岛,飞来仿佛遇桃园"的美丽诗句。桃花节的到来,为这座工业城市注入了诗一样的柔情。远至北京、太原,近至各县

双塔牡丹/太原·永祚寺

蒙山桃花/太原·蒙山

的观花者络绎不绝。满山遍野的层层桃花，犹如似水的少女，姗姗向你走来。游人如云，携老带幼，欢声笑语在这花的海洋中，好不惬意！"长恨春归无觅处，不知转入此中来"。游到古城太原，这座具有2500多年历史的晋阳故地，更是处处有花可赏。太原西山蒙山，以早于乐山大佛160余年的北齐大佛著名，每逢3、4月，千年大佛下，山桃红花满上头。"人间四月芳菲尽，山寺桃花始盛开。"在残存的开化寺连理塔下，在笑脸般的桃花丛中，人面桃花相映红。置身其中，享受生活，又是一种别致的感觉。这里不仅有桃花，也有满山的杏花向你招手。东山下的王家峰村盛产酥梨。暖阳下的梨园中，梨花依旧笑春风，让你乐不思归！每逢这里梨花、杏花绽放的季节，憋了一个冬季的市民们，便蜂拥而至，畅游在这白云彩霞般的花海中。一个个镜头，将全家福、情人乐留在这梦幻般的境界里。有着千年历史的永祚寺里、春波荡漾的迎泽湖畔，一年一度的牡丹节时，牡丹仙子飘然而至，游人如织，闻春赏花，感受生命，感受自然，感受这精灵般的花儿带给我们的每一丝快乐和幸福。有着千年高龄的古县牡丹，更是诱人魂魄，牡丹节里，年年花开不一般。春阳下，满山野桃花的"三月桃花汛"，与绿毯般的麦田，勾画出了更为多彩的图画。

春天来了，大地醒了。桃花乐了，杏花笑了，岁月的轮回再一次激起了生命的活力。让我们又一次走进了山西的桃花源，美哉！美哉！

生态之旅

生态，已成为公众生活中不可或缺的话题和内容。闲暇之余，置身于青山绿水的自然环境，体味悠闲恬淡的田园生活，享受宁静和单纯，是每个人生活的奢望。作为内陆省份的山西，在发展旅游中，推出了一系列的生态旅游景点，受到观光者的喜爱。这些独具山西特色的景点，也展示了山西丰富而独特的旅游资源。

　　流经太原的古老汾河又有了她新的生命与内涵，那就是新建的"汾河公园"。公园总面积达130万平方米，水面170万平方米，共栽植183种2.4万株乔、灌木，82万平方米草坪，1万余株露地宿根花卉，形成了两岸宽百米、长6公里的绿色生态长廊。一幅具有北方园林风格和地域文化特色的汾河画卷，为古城增添了新韵，为市民营造了一个好去处。

汾河公园/太原

山西生态游景点

太 原
天龙山　蒙山　汾河公园　森林公园　晋祠
汾河二库　中隐山生态旅游区　龙池山庄

晋 中
绵山　昔阳大寨　祁县九沟黄土风情园
灵石石膏山景区　昔阳龙岩大峡谷　榆次后沟

朔 州
右玉生态旅游区

长 治
平顺太行水乡　太行山大峡谷　长治百草堂景区
襄垣仙堂山旅游区　平顺西沟　黎城黄崖洞景区
沁源灵空山风景区　平顺井底民俗村
长治老顶山国家森林公园　武乡板山风景区

大 同
北泉村桃花山生态旅游区
圣泉寺—甸顶山空中草原生态旅游区
黑龙寺原始森林
边塞古镇新平堡生态旅游区
大泉山镇边堡生态旅游区
得胜堡生态种植园

5

1 大隐山/太原·清徐	2 绵山/晋中·介休
3 庞泉沟/吕梁·方山	4 卦山/吕梁·交城
5 蒙山大佛/太原·晋源	6 天龙山/太原·晋源
7 龙岩大峡谷/晋中·昔阳	

阳 泉

藏山风景名胜区　娘子关景区
阳泉银园山庄　狮脑山森林公园

忻 州

五台山国家森林公园　五台山南梁沟　五台驼梁风景区
芦芽山国家级自然保护区　管涔山国家森林公园
汾河源头国家水利风景区　顿村温泉度假村
奇村温泉度假村　黄河晋陕大峡谷
万家寨·老牛湾　娘娘滩　荷叶坪　五寨沟

吕 梁

贾家庄生态园
北武当山风景区
交城卦山风景名胜区
庞泉沟生态旅游区　玄中寺

晋 城

晋城珏山旅游区　陵川王莽岭景区　阳城皇城相府

临 汾

临汾姑射山仙洞沟风景名胜区
霍州陶唐峪景区　七里峪生态旅游区　古县牡丹园

6

特别推荐

水磨头村

—— 晋中·昔阳县·东冶头镇

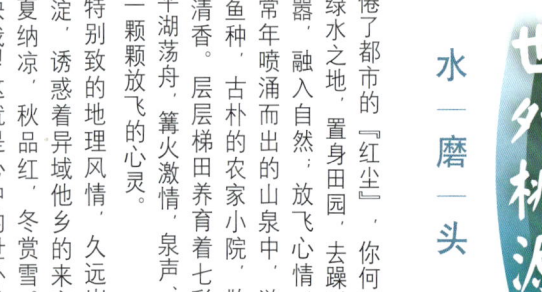

世外桃源

水一磨一头

厌倦了都市的"红尘",你何不去一处青山绿水之地,置身田园,去躁脱俗;远离喧嚣,融入自然;放飞心情,返朴归真?常年喷涌而出的山泉中,游弋着名贵的鱼种,古朴的农家小院,散发着淡淡的清香。层层梯田养育着七彩的原生态。平湖荡舟,篝火激情,泉声、风声,伴随着一颗颗放飞的心灵。

独特别致的地理风情,久远岁月的故事积淀,诱惑着异域他乡的来客。春踏青、夏纳凉、秋品红、冬赏雪。好不悠哉、快哉!这就是心中的世外桃源,别有洞天的昔阳县水磨头村。

游览内容

松溪河畔漂流
竹排戏水撑篙
河湾水库垂钓
百丈崖前攀岩
钻珠峰顶览胜
冷泉池塘赏鱼
桃花洞中探奇
农家小院怀旧
……

周边景点

大寨
毛家大院
石马寺
卧佛洞

山水俱佳

幽静之地

登高山 | 钻溶洞 | 听泉声 | 荡竹筏 | 农家乐　　品鳟鱼 | 吃烧烤 | 住帐篷 | 玩极限 | 看篝火

北国渔乡

来到北国渔乡水磨头，自然少不了十多家农家乐饭菜的品尝。窝窝头、拨烂子、五谷杂粮、土豆丝、新野菜、笨鸡蛋，尤其是大山腹地喷涌而出的山泉水中养育的虹鳟鱼……虽然没有都市的大宴，味道却清新可口。坐水观天，湛蓝如洗。水，清澈如镜；山，青青可人。这里的土地，年复一年地生长着没有污染的绿色食品，不是都市人所向往的吗？暂别闹市，脱离楼群，走进这群山环绕、别有洞天的世外桃源——水磨头，在碧水蓝天青山沃野中，调整自我，畅通机体，岂不快慰！

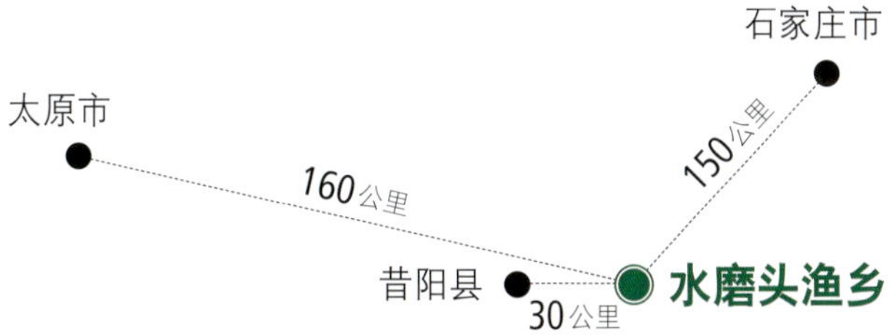

太原市　160公里　昔阳县　30公里　水磨头渔乡　150公里　石家庄市

↘ **联系方式**

地址 山西省昔阳县东冶头镇水磨头村

电话 0354-4226885　4226887　136 0354 9237（黄）

交通提示

阳泉方向／太旧高速平定南出口下，进207国道入昔阳县境，过松溪河大桥左拐入317省道，过东冶头镇东冶头村、静阳大桥，旅游公路直达水磨头村洞口。

晋中方向／晋中或由太原经晋中市走河北省赞皇方向亦可。

水乡 之旅

多彩的山西向人们展示的不仅是太行山、黄土塬风光，也不仅是晋商大院、古城民居，也有着江南所没有的壮美与灵秀相结合的北

壶关县 八泉峡

走进八泉峡，使人联想到湘西张家界的猛洞河，眼前呈现出的是大开大合的独特山貌。清澈湍急的河流，时阔时狭的滩头，陡峭雄险的悬崖，千姿百态的峰岩，悬瀑飞扬，洞穴时现。一种恢宏和动感，一种沧桑与伟岸，一种幽深与静谧。八泉峡是集雄、险、奇、秀、幽于一身的景观奇特之处和避暑纳凉的好去处。

国水乡景观。无论是边关水乡娘子关村、北国渔乡水磨头，还是太行平顺水乡、北国水城沁县……各自的不同风采和韵味，都会使人忘情其中，留连忘返。

娘子关古村

边关水乡

烟雨江南里，走过西塘的廊棚、同里的退思园。小桥流水中，探访过南浔的藏书楼、乌镇的千年古巷。浏览了周庄的娇容、朱家角的南国风采。观碧水流鱼间，尽享高原水城丽江的温馨和懒散。石桥、方舟和枕河人家，构成了一幅幅浓淡皆宜的中国水墨图。然而，何曾想到，在以黄土高原著称的山西省，竟有一处静谧的古村落，让人享受着北国江南的独特韵味。

山西，这片蕴藏着中华文明的土地上，有众多的古关隘口。其中，距阳泉市45公里处、明嘉靖二十一年(1542)建置城守、被称为"天下第九关"的娘子关，为兵家必争的名关要隘，令人向往。娘子关，其名传说颇多，广泛流传的是唐王李世民的妹妹平阳公主曾率兵在此镇守，故而称为娘子关。"楼头古戍楼边寨，城外青山城下河"的娘子关不仅是一处地势险要的关口，也有着自己独特的北疆风貌和山清水秀的南国景致。平阳湖里荡轻舟，峡谷绵河任漂流。百尺悬崖观飞瀑，险关名隘论春秋。而流水过家家，涌泉处处来的娘子关村，更是赏析太行山上水上人家的好去处。

距娘子关一公里的娘子关村，是一座有着800多户人家、千年历史的古村落。自隋末唐初，这里就有边寨形成。世代的边民，生活、劳作在这崇山峻岭、险关要隘之地。娘子关村，背靠绵山，前傍桃河；两边青峰叠翠、峡谷仞壁，河水湍急，奔腾而去。虽然，高山深谷中落差500米的雄关小路早已成为坦途大道，往来的景象已是车水马龙，但在这个小村庄里，依旧是古风袭面，宁静宜人。村口的阁楼下，闲逸的老人和孩子，在戏弄着暖暖的时光。斑驳的石路，将你导入条条小巷，定格于过去的岁月。巨大的山泉喷涌声，如雷贯耳。碧水清清，沿街巷而去。于高山峻岭中，忽见如此景致，令人心胸豁然开朗。

曲径通幽、穿街过巷的水系，欢快跳跃着。宽阔之处，犹如小河。村童戏水，农妇浣纱，于碧浪清波中，洋溢着生活的惬意。蜿蜒之地忽明忽暗，入家过户，洗物浇地。人居地上，水走其下。耳旁偶听流水之音，眼前不见溪水之影。村民三五成群，围坐水旁，或织衣，或洗菜，或谈天论地。尤其在暑热之时，凉爽之水冲刷足下，清热去暑，好不悠哉悠哉。流动的山泉，永远是那么清澈照人。块块菜田，在源源不断的流水滋润下，郁郁葱葱。一条条水渠，犹如布满机体的血管，涵养着山村的生灵。

1. 涓涓溪流穿街过巷　2. 洗菜做饭随时汲取
3. 嬉戏于清泉碧流中　4. 千珠万珠落玉盘的娘子关瀑布

来到下道街一户苗姓院落,一处典型的"水上人家"。勃勃生机的葡萄青藤爬满了墙外,累累的青果已开始诱人。门饰青石雕刻,诗图并茂。"金鳞托莲华,紫蛟扑琼宫",好一番诗情画意。走进这"源之清"的小宅院,仿佛进入一座世外仙宅,让人好生羡慕。院不大,却生机盎然。两米多宽的碧水欢快地穿越院落,卵石、青草清晰可见。冬暖夏凉的泉水,常年在18度左右。巨大的水磨,在湍急的流水中,依旧发出古老的声韵。山石之上,草木繁茂。尤为惊叹的是,一棵浓密的葡萄树,遮盖了整个院落。虽已近八旬高龄,仍然枝繁叶茂。"波澄濑石寒如玉,星编虹帐绿似烟"一行诗文,跃然于水上。遮阳蔽日之下,小小院落里,充满了凉爽和温馨。奔波的劳顿,在一阵狂洗之后,尽随清泉而去。村民苗瑞民告诉我们,到他为止,已有14代家人居住于此。在2000年开发旅游之后,这百年老宅,已有中外人士万余人光顾。真是水清人气旺,宅老果香。让人开眼的是,那一袋袋印有娘子关特产的"水磨面",引起了我们浓厚的兴趣。原来,这里有娘子关村特有的生产方式——水磨。村民凿石成磨,揳木为轮,利用引聚的水流力量,在石屋里、磨坊中,日复一日地歌唱着那悠远的山歌,形成了千年古村的一大景观。据说"水磨面",不会像电磨那样,因产生高温而损失原粮的养分,故而色佳味美又易保存,当然购买之欲油然而生。

雄关之下"水秀明如镜"的山寨,更是名人辈出的风水宝地。古有老子、妒女和平阳公主的动人传说;近有反清、变法名人,抗战勇士,教育、艺术家等30余名问世。历史上,本地商贸业繁荣,各种商号竟达数十家之多。位水寨,望雄关,周边可

寻众多的文化遗迹。人杰地灵的小村，蕴藏着无尽的魅力。农家巷院戏溪水，平阳湖里荡飞舟。村中的泳池中，跳跃着青春的浪花，村后的峡谷里，垂钓、漂流和野渡着浪漫的情调。人们期盼着这北国的边关水乡，以古老而清新的面貌，走出大山，走向世界。

食宿 可住娘子关村苗先生的"水上人家"
联系电话 0353-6031330
特产 水磨面 石榴 核桃 柿子 花椒 蚊香 ……

1 垂钓桃河
2 泉水滋润的菜园
3 水磨
4 四季不断的泉眼
5 防暑降温的好办法
6 风光幽雅的"水上人家"
7 水质清澈甘甜
8 流动的洗衣池

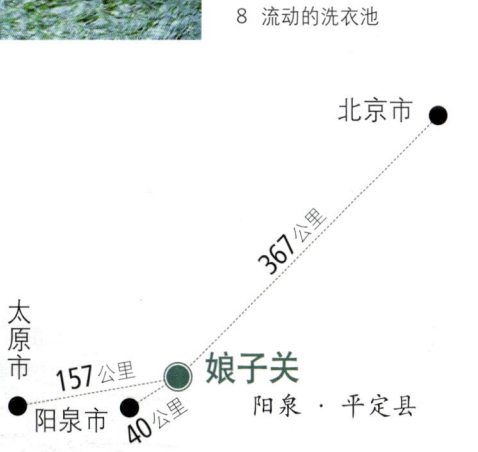

北京市
367公里
太原市
157公里 娘子关
阳泉市 40公里
阳泉·平定县

平顺水乡

平顺县位于山西省长治市,其独特的山水景观令人叫绝。"百里水乡"一路走去,奇峰翠谷,碧波荡漾;绿色走廊,万木争荣;景物奇秀,传奇诱人。水乡集北疆雄伟与南国秀美于一体。其中柳树湾、天鹅湖、恐龙谷、小三峡、芦苇荡等景景相连,美不胜收。自然与人文交相辉映,美景与国宝珠联璧合,不是江南,胜似江南。来到太行平顺水乡,步入返朴归真境地,"舟行碧波上,人在画中游"的天然画卷,会让你诗兴大发、乐不思归。

景区景点地址 山西长治平顺县城东北
景区景点电话 0355-7224457　7224357
景区景点包括 大云院　藏兵洞　南垴山
　　　　　　　柳树湾　天鹅湖　恐龙谷
　　　　　　　小三峡　芦苇荡　华野漂流……

↘ **交通提示** 太原→长太高速（快到长治口时，高速路标邯郸方向）→潞城口下（约320公里）→经潞城市→五里后→微子镇（约5公里，微子三岔路口有两条路，一条通往黎城，一条通往平顺）→走平顺方向→黄牛蹄乡→行至三岔路口（约10公里）→左拐通往林州方向8公里处。

湖泊 之 旅

山西湖泊
天然与人造

太 原

文瀛湖　太原市区
迎泽湖　迎泽大街中段
映山湖　尖草坪区·呼延村东
汾河二库　尖草坪区·马头水乡
汾河水库　娄烦县·杜交曲镇
晋阳湖　董菇村
东湖　清徐县城内
清泉湖　清徐县·平泉村

大 同

文瀛水库　大同市·御东新区
赵家窑水库　大同市·南郊区
册田水库　许堡乡
下河湾水库　广灵县
枕头河水库　广灵县
百步湖、丰水湖　广灵县
恒山水库　浑源县·城关镇·唐家庄
澈天水库　阳高县
十里河水库　左云县
孤峰山水库　天镇县·东沙河
华山水库　灵丘县·韩坪村

忻 州

圪坨水库　忻州市
米家寨水库　忻府区·奇村镇
双乳山水库　忻府区·合索乡
神山水库　原平市·大牛店·镇神山村
观上水库　原平市·闫庄镇
南神沟水库　原平市·解村乡
汾源　宁武县·东寨镇
天池湖群　宁武县·东庄乡
万家寨水库　偏关县·万家寨
北台顶天池　五台山·北台顶
唐家湾水库　五台县·唐家湾
天桥水库　保德县·义门镇
南峰水库　五寨县·前所乡
代县中解水库　代县
阳明堡水库　代县·阳明堡
闫家寨水库　代县·闫家寨
大茹解水库　代县·阳明堡镇·大茹解村
西茂河水库　代县·滹沱河支流
洪水水库　繁峙县
孤山水库　繁峙县·横涧乡
下茹越水库　繁峙县·下茹越

垂钓/长治·襄垣·虒亭水库

湖泊，分为天然湖泊和人工湖泊（即水库）两大部分。在山西这片土地上有非常可观的自然湖泊、人造湖泊（水库），它们就像颗颗珍珠般地镶嵌在山西的版图上，和山川一起装点和滋润着这块别样的土地，也为人们的生态旅游、休闲垂钓提供了惬意的环境。

汾河之源/忻州·宁武·东寨

高家湾水库　岢岚县·宋家沟乡·高家湾村
西岁兴水库　忻府区·三交镇
虎山水库　　繁峙县·大营镇
西龙池抽水蓄能电站上水库　五台县·白家庄镇
西龙池抽水蓄能电站下水库　五台县·神西乡
北村水库　　忻府区·兰村乡
白草庄水库　五寨县·东秀庄乡
龙山水库　　繁峙县·砂河镇
龙口水库　　河曲县·刘家塔镇

朔州

东榆林水库　朔州市·朔城区·大夫庄乡
大新窑长城水库　朔州市·平鲁区
薛家营水库　应县·薛家营乡
镇子梁水库　应县·镇子梁
滴水沿水库　右玉县
中陵湖、玉陵湖　右玉县
常门铺水库　右玉县·威远镇·常门铺
下米庄水库　怀仁县·马辛庄
大梁水库　　平鲁区·井坪镇

吕梁

八一水库　　孝义市
张家庄水库　孝义市·城关镇·张家庄村
柏叶口水库　交城县·会立乡
吴城水库　　离石县·吴城镇·西塔村
天池　　　　方山县·南阳沟
横泉水库　　方山县·峪口镇
阁老湾水库　兴县·康宁镇
龙泉湖　　　中阳县
陈家湾水库　中阳县·陈家湾
黄岭沟水库　岚县·黄岭沟
岚城水库　　岚县·岚城
阳坡水库　　临县·白文镇
曹家岭水库　临县·曹家岭村
太平水库　　临县·太平村
阳辅水库　　阳辅
天古崖水库　兴县·魏家滩镇
凤彩垣水库　石楼县
文峪河水库　文水县·北峪口村

碧水飞舟/晋中·榆社·云竹水库

山西湖泊
天然与人造

晋中

草庄水库　晋中市
尹回水库　平遥县·岳壁乡
石亩水库　太谷县
郭堡水库　太谷县·范村镇
庞庄水库　太谷县·阳邑乡
石坝水库　祁县·峪口乡
子洪水库　祁县·古县镇
石匣水库　左权县·石匣乡·石匣村
杏庄水库　昔阳县·城西

水峪水库　昔阳县·赵壁乡
郭庄水库　昔阳县·大寨镇
秦山水库　昔阳县·上秦山
杨家坡水库　昔阳县·杜庄乡·杨家坡村
九京水库　和顺县
龙栖湖　寿阳县·南燕竹镇·蔡庄村
蔡庄水库　寿阳县·南燕竹镇·蔡庄村
石门水库　寿阳县·温家庄乡·石门村
郑家庄水库　寿阳县·温家庄乡·郑家庄村
松塔水库　寿阳县·羊头崖乡·草庄
云竹水库　榆社县·云竹镇·南王村
双峰水库　榆社县·社城镇

山水相依/晋中·太谷·石亩水库

死海漂浮/运城·盐湖

晋城

郭壁水库　陵川县
吴家湾水库　陵川县·马圪当乡
上郊水库　陵川县·上郊村
申庄水库　陵川县·义镇·申庄村
武家湾湖　陵川县·马圪当乡
山泽水库　沁水县·氏镇·洞湾村
张峰水库　沁水县·郑庄镇·张峰村
任庄水库　晋城市·高都镇·季庄村
九女仙湖　阳城县
疙套水库　阳城县
磨滩拴驴泉水库　阳城县·滩村
董封水库　阳城县·董封乡
米山水库　高平市
王村水库　高平市

阳泉

平阳湖　平定县·娘子关镇
原坪水库　平定县·冶西镇·原坪村
尚怡水库　平定县·冶西镇·尚怡村
大石门水库　平定县·石门口乡·大石门村
南川河水库　平定县·冠山镇·南坳村
山南水库　桃河支流泉寺河·高崖村
龙华口水电站—水库　盂县·下社乡
油瓮水库　郊区·河底镇
后底沟水库　平定县·柏井镇
上冶头水库　平定县·冶西镇
岔口水库　平定县·岔口乡
岭南河水库　平定县·东回镇
下董寨水库　平定县·娘子关镇

临汾

巨河水库　尧都区·大阳镇
涝河水库　尧都区·大阳镇
曲亭水库　洪洞县·吉恒村
七一水库　襄汾县·西贾乡
双龙湖　襄汾县·西贾乡
下庄水库　隰县·下庄村
小河口水库　翼城县·王庄乡
北常水库　翼城县·南梁镇·北常村
沸泉水库　曲沃县·城西
浍河水库　曲沃县·史村镇
溢沟水库　曲沃县·北董乡·东闫村
刁口川里水库　蒲县·薛关镇
宋家沟水库　乡宁县·宋家沟村
杨家庄水库　霍州市·杨家庄村
浍河二库　侯马市·凤城乡

高山平湖/忻州·偏关·万家寨水库

山西湖泊
天然与人造

山水之间/长治·武乡 关河水库

长治

司马桥水库　长治市
漳泽水库　郊区·马厂镇
北宋小水库　长治县·赵村乡·北宋村
陶清河水库　长治县·东和乡·陶清河
漳源湖　沁县
西湖　沁县·二郎山
圪芦湖　沁县·段柳乡·交漳村
天泽湖　壶关县·桥上乡·太行大峡谷
八仙湖　襄垣县·古韩镇
后湾水库　襄垣县·亭镇

南马咸水库　襄垣县·夏店镇路东
合漳水库　襄垣县·合漳村
屯绛水库　屯留县·河神庙
庄头水库　壶关县·东崇贤
西堡水库　壶关县·川底乡·西堡
关河水库　武乡县·丰州镇
东风水库　沁源县
沁县水库　沁县
沁县北海　沁县
井村水库　沁县
三友水库　沁县
石板上水库　沁县·石板上村
徐阳水库　沁县·新店镇·徐阳村
月岭山水库　沁县·故县镇·徐村
景村水库　沁县·景村
黎城水库　黎城县
阳南河水库　黎城县
三联坝水库　黎城县
权店水库　武乡县·故城镇·权店村
胡庄水库　武乡县·石盘乡
松北水库　武乡县城间
鲍家河水库　长子县·碾张乡
石泉水库　长子县
申村水库　长子县·石哲乡

垂钓网友：没想到山西还有这么多的湖泊、水库，山水如画啊！山西山多，水库也多，是钓鱼的好地方，山西钓鱼人真有福气……

夕阳垂钓·长治·襄垣·八仙湖

运城

盐池　运城市
磨河水库　运城市·盐湖区
安邑水库　运城市·盐湖区
苦池水库　运城市·盐湖区·三家庄乡·黄家卓村
上马水库　运城市·盐湖区·冯村乡·新郭村
圣天湖　芮城县·陌南镇
黄河小浪底库区　垣曲县
七十二混沟后河水库　垣曲县
后河水库　垣曲县·西河村
三泉水库　新绛县·三泉镇
吕庄水库　闻喜·桐城镇
关村水库　闻喜县
三门峡水库　平陆县
樊村水库　盐湖区·安邑街道办事处
中留水库　夏县·瑶峰镇
禹王水库　夏县·禹王乡·禹王村
伍姓湖　永济市·赵柏乡
刘家沟水库　平陆县·圣人涧镇
柏林水库　闻喜·郭家庄镇
将勿水库　平陆县·三门镇
坑头水库　芮城县·古巍镇
幸福水库　平陆县·常乐镇
赵寨水库　垣曲县·英言乡
坑底水库　平陆县·洪池乡

尧店水库　平陆县·圣人涧镇
计王水库　平陆县·圣人涧镇
安沟水库　平陆县·洪池乡
陆坡水库　平陆县·常乐镇
红叶泉水库　绛县·横桥乡
水泛沟水库　绛县·南樊镇
北杨水库　绛县·古绛镇
泗交水库　夏县·泗交镇
韩村水库　平陆县·张村镇
黄华峪水库　稷山县·化峪镇
油坊沟水库　平陆县·常乐镇
范庄水库　平陆县·部官乡
晋家峪水库　稷山县·西社镇
郑沟水库　平陆县·部官乡
西沟水库　平陆县·圣人涧镇
南窑头水库　平陆县·张店镇
水西水库　新绛县·三泉镇
群英水库　芮城县·陌南镇
王峪口水库　夏县·庙前镇
红沙河水库　夏县·瑶峰镇
东升水库　芮城县·西陌镇
张王水库　万荣县·南张乡
小涧河水库　闻喜县·河底镇
史家峪水库　夏县·庙前镇
紫家峪水库　绛县·陈村镇
跃进水库　夏县·南大里乡
王沟水库　平陆县·圣人涧镇
崔家河水库　夏县·埝掌镇

喜悦／襄垣·宇峰湖

温峪水库　夏县·泗交镇
白沙河水库　夏县·瑶峰镇
八一水库　盐湖区·安邑
姚源水库　芮城县·风陵渡镇
杨家园水库　闻喜县·东镇镇
红旗二库水库　平陆县·圣人涧镇
陈村峪水库　绛县·陈村镇
关村水库　闻喜县·凹底镇
安峪沟水库　绛县·安峪镇
三河口水库　闻喜县·后宫乡
红旗一库水库　平陆县·圣人涧镇
大河庙水库　平陆县·圣人涧镇
里册峪水库　绛县·卫庄镇

乐在其中／长治·漳河水库

山西 泉源

山西是多山之地,自然也是多泉之区,历史上山西泉源达万处以上,目前有名的泉源仍有30多处。

霍泉/洪洞·广胜寺

较大的温泉类

忻州奇村温泉	忻州顿村温泉
原平大营温泉	原平姑姑山温泉
天镇温泉	浑源汤头泉
盂县寺平安温泉	盂县梁家寨温泉
晋中西窑温泉	祁县王村温泉
临汾东亢温泉	曲沃史村镇温泉
夏县温泉	定襄白村温泉
新绛温泉	……

难老泉/太原·晋祠

难老泉/太原·晋祠

较大的冷泉（类）

太原难老泉	清徐平泉	五台般若泉	五台龙泉	五台观音泉	五台三珠泉	五台清凉泉
五台水泉湾泉	五台李家庄泉	五台玉泉	黎城源泉	黎城龙洞泉	平顺灰交窑泉	平顺川底泉
平顺辛安村泉	晋城小口东泉	晋城赵良泉	晋城郭壁泉	晋城黑水泉	陵川十里河泉	陵川李家坝泉
陵川台北泉	陵川参院泉	陵川流水沟泉	陵川昆仑岩泉	陵川麻地滩泉	陵川双头泉	陵川马坟泉
阳城小庄泉	阳城蟒河泉	阳城西神头泉	阳城水头泉	阳城马山村泉	阳城许庄泉	阳城磨滩泉
阳城下孔泉	阳城河头泉	昔阳水深泉	昔阳东固壁泉	昔阳水磨头泉	宁武馒头山泉	宁武雷鸣寺泉
宁武下马圈泉	宁武县西洋湾泉	偏关老牛湾泉	偏关高家湾泉	左权东山峻泉	左权熟峪泉	
左权水坡泉	左权千庙灵泉	静乐黑汗沟泉	静乐大湾泉	静乐任家村泉	平鲁三层洞泉	
广灵水神堂泉	浑源神溪泉	壶关黄崖泉	阳泉娘子关泉	盂县兴道村泉	沁源河底泉	和顺海眼寺泉
泽州三姑泉	朔州神头泉	沁县漫水乡后泉	洪洞霍泉	临汾龙子祠泉	襄垣下良镇小交村泉……	

清泉石上流/灵丘·桃花山

1 龙舟盛会/长治·沁县　2 金色西湖/长治·沁县　3 竞技/长治·沁县　4 幽静圪芦湖/长治·沁县　5 龙舟赛/长治·沁县

北方水城/长治·沁县

北方水城/长治·沁县

北方水城 沁县

一条水带环绕的古城、一个有着13座中小水库的地区、一方喷涌着王后泉等270多处清泉、126条大小支流的家园、一座正在打造『北方水城』的县份,它就是山西省长治市沁县。镶嵌在沁县土地上的西湖、南湖、瘦西湖和北海、圪芦湖等,犹如明珠闪烁,山水相依,风景入画,被誉为『人水和谐的天堂』。尤其是每年5月底至6月初连续举办的端午民俗文化节和龙舟邀请赛,吸引着越来越多的天下游客。

4

5

森林 之 旅

林海/长治·武乡·板山

森林，涵养着大地的水源，是自然物种的基因库、天然的大氧吧，更是人类休闲养性的好去处。人类与绿色不可分割，森林公园，在改善人居环境、提升品位的同时，会引导人们热爱自然，崇尚健康的生活观念，发展森林绿色旅游已成为大众之所爱。

目前，山西省森林公园总数已达111处之多，其中国家级18处，省级37处，县级56处，总面积54.09万公顷，占山西省国土总面积的3.47%，从南到北，犹如一块块碧绿的翡翠，镶嵌在以黄土高原著称的三晋大地上，对改善生态环境、丰富人民生活，产生了越来越显著的效应。

走进森林，山清水秀，拥抱绿色，赏百花绽放；回归自然，享受生活，释放心情，听百鸟齐鸣，何乐而不为？

1

国家级森林公园

五台山国家森林公园　忻州·五台山	**交城山**国家森林公园　吕梁·交城
管涔山国家森林公园　忻州·宁武	**五老峰**国家森林公园　运城·永济
禹王洞国家森林公园　忻州	**乌金山**国家森林公园　晋中·榆次
恒山国家森林公园　大同·浑源	**天龙山**国家森林公园　太原·晋源
赵杲观国家森林公园　忻州·代县	

2

3

云冈国家森林公园　大同市
龙泉国家森林公园　晋中·左权
方山国家森林公园　吕梁·方山
太岳国家森林公园　长治·沁源
老顶山国家森林公园　长治市
中条山国家森林公园　运城·垣曲
黄崖洞国家森林公园　长治·黎城
太行峡谷国家森林公园　长治
关帝山国家森林公园　吕梁·交城

1　太岳国家森林公园／长治·沁源
2　五老峰国家森林公园／运城·永济
3　五台山国家森林公园／忻州·五台山
4　赵杲观国家森林公园／忻州·代县
5　恒山国家森林公园／大同·浑源·恒山

省级 森林公园

- 山西省太行山森林公园　晋中·和顺
- 山西省黑茶山森林公园　吕梁市
- 山西省安泽森林公园　临汾·安泽
- 山西省蔡家川山森林公园　临汾·吉县
- 山西省桦林背森林公园　大同·阳高
- 山西省葡峰森林公园　太原·清徐
- 山西省孤峰山森林公园　运城·万荣
- 山西省珏山森林公园　晋城·泽州
- 山西省三合牡丹森林公园　临汾·古县
- 山西省玉华山森林公园　长治·沁县
- 山西省和谐园森林公园　阳泉·杨家庄
- 山西省飞龙山森林公园　忻州·保德
- 山西省清水河森林公园　忻州·五台·门限石
- 山西省洪涛山森林公园　朔州·怀仁·金沙滩
- 山西省杀虎口森林公园　朔州·右玉·杀虎口
- 山西省诸龙山森林公园　阳泉·盂县
- 山西省马营海森林公园　忻州·宁武
- 山西省柏洼山森林公园　吕梁市
- 山西省大寨森林公园　晋中·昔阳
- 山西省棋子山森林公园　晋城·陵川
- 山西省东华山森林公园　运城市
- 山西省南华山森林公园　大同·广灵
- 山西省白马寺山森林公园　晋城市
- 山西省狮脑山森林公园　阳泉市
- 山西省吕梁山森林公园　吕梁市
- 山西省安国寺森林公园　吕梁·离石
- 山西省介休市森林公园　晋中·介休
- 山西省云龙山森林公园　晋中·和顺
- 山西省药林寺森林公园　阳泉·平定
- 山西省冠山森林公园　阳泉·平定
- 山西省西沟森林公园　长治·平顺
- 山西省老爷山森林公园　长治·屯留

山西省**七佛山**森林公园	晋城 · 高平
山西省**馒头**山森林公园	忻州 · 代县
山西省**五峰山**森林公园	忻州 · 原平
山西省**龙城**森林公园	太原
山西省**岚漪**森林公园	忻州 · 岢岚

2

3

4

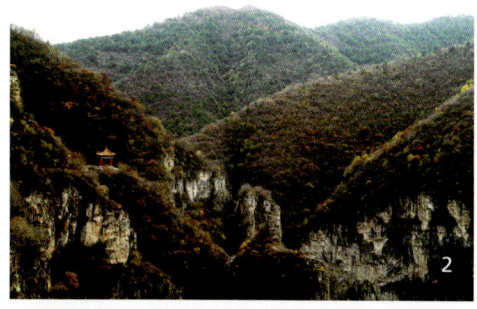

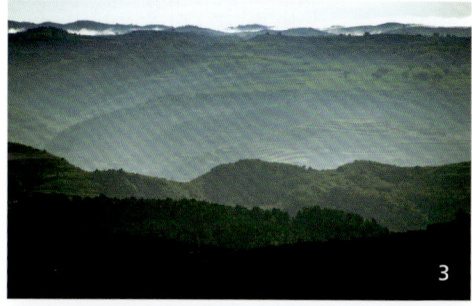

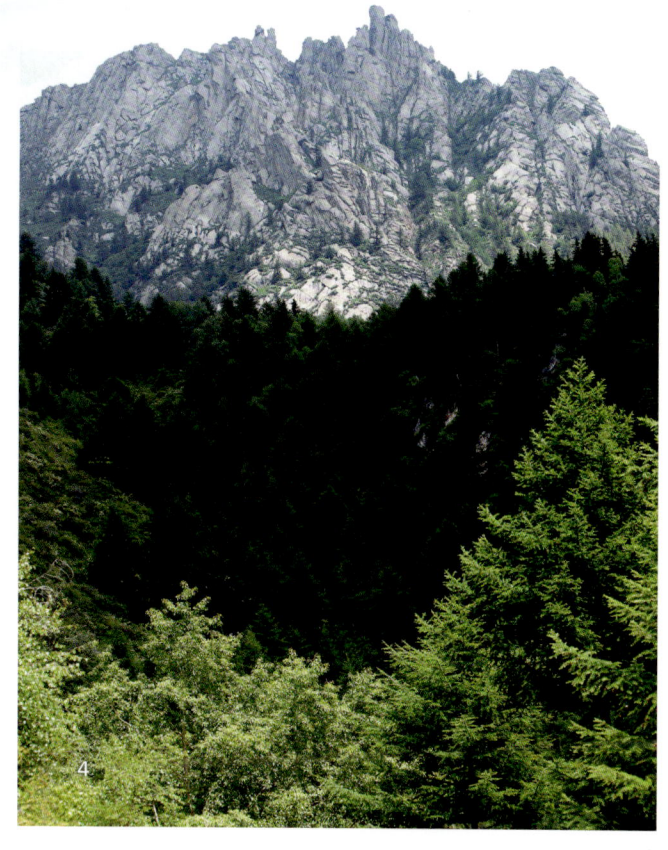

1 太岳国家森林公园/长治·沁源 2 藏山/阳泉·盂县
3 乌金山国家森林公园/晋中 4 管涔山国家森林公园/忻州·宁武
5 灵空山森林公园/长治·沁源

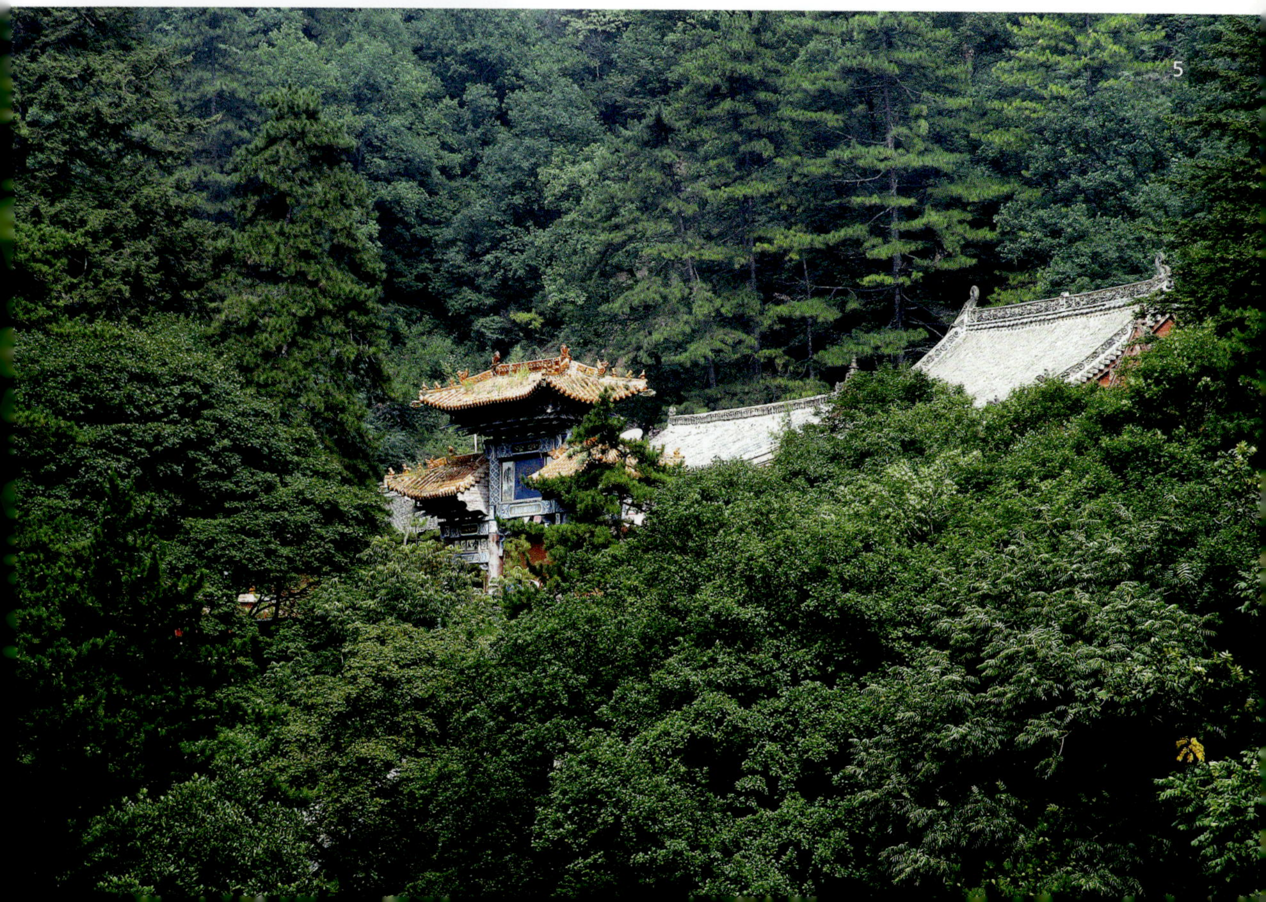
5

县级森林公园

太原市·万柏林区 香水泉森林公园
娄烦县 娄烦森林公园
阳曲县 新阳森林公园
左云县 十里河森林公园
天镇县 南洋河森林公园
大同市·新荣区 古长城森林公园
大同市·南郊区 智家堡森林公园
大同县·火山群 昊阳森林公园
广灵县 千福山森林公园
灵丘县 唐河森林公园
浑源县 柳河森林公园
右玉县 南山森林公园
山阴县 西山森林公园
怀仁县 三里庄森林公园
朔城区 金沙森林公园
偏关县 林湖森林公园
五台县 文昌山森林公园
静乐县 天柱山森林公园
繁峙县 碧秀森林公园
五寨县 清荷森林公园
宁武县 龙山森林公园
平定县 松树山森林公园
阳泉市郊 刘备山森林公园
祁县 昭馀森林公园
左权县 芸山森林公园
昔阳县 澳垴山森林公园
孝义市 胜溪湖森林公园
柳林县 南山森林公园

142

1 太岳山国家森林公园/长治·沁源　2 荷叶坪森林公园/忻州·五寨　3 乌金山国家森林公园/晋中　4 王莽岭森林公园/晋城·陵川
5 方山国家森林公园·神龙沟/吕梁·方山　6 秘密寺森林公园/忻州·五台　7 天龙山国家森林公园·龙池沟/太原

汾阳市　文湖森林公园
交口县　南山森林公园
长治县　黎都森林公园
长子县　北高庙森林公园
壶关县　神山森林公园
平顺县　青羊山森林公园
黎城县　黎侯森林公园
沁县　二郎山森林公园
屯留县　嶷山森林公园
襄垣县　凉楼森林公园
襄汾县　东岭森林公园
乡宁县　鄂邑森林公园
临汾·尧都　九龙山森林公园
浮山县　尧山森林公园

翼城县　古绵山森林公园
隰县　堆景山森林公园
泽州县　龙王山森林公园
阳城县　骏马岭森林公园
陵川县　崇安森林公园
运城·盐湖　舜帝陵森林公园
运城市　空港森林公园
稷山县　稷王森林公园
河津市　九龙森林公园
芮城县　永乐宫森林公园
夏县　瑶台山森林公园
垣曲县　舜乡森林公园
永济市　舜帝山森林公园
万荣县　王勃森林公园

溶洞之旅

溶洞是因石灰岩地区地下水长期溶蚀而形成的。由于石灰岩层各部分含石灰质多少不同，山体被侵蚀的程度各异，就形成了千姿百态的独特地理结构。人们一般认为溶洞多出现在南方，尤其是具有喀斯特地貌的地区才会出现，然而，在山西黄土高原上发现了众多溶洞，形成了又一道靓丽的风景线。

龙洞/长治·武乡

太行龙洞位于山西省长治市武乡县蟠龙镇石泉村，上下共分4层，总长2000多米，共有400多处景点，洞内溶石错落有序，洞中套洞，晶莹透明，千姿百态，景观奇特。龙洞具有南、北方溶洞的特征，经专家考察为华北罕见之溶洞。洞内景色壮观，温度宜人，造型奇特的钙化景观攀沿四壁，流光溢彩。洞外青山环绕，景色宜人。

太行龙洞

万年冰洞 / 忻州·宁武

位于忻州宁武县城西50公里处、春景畦乡境内的万年冰洞,海拔2300米。冰洞形成距今约三百万年,故名万年冰洞。2005年,万年冰洞成为国家地质公园。

山西省境内已发现的溶洞

- 黄龙古溶洞／太原·尖草坪区·马头水乡·马吉掌村沟底
- 桃花溶洞／大同·灵丘县·红石塄乡·沙湖门村
- 蝙蝠洞／大同·灵丘县·红石塄乡·沙湖门村
- 万年冰洞／忻州·宁武县
- 禹王洞／忻州·西张乡
- 娘子关溶洞／阳泉·娘子关镇·河北村·烽火台西北河崖上
- 万花洞／阳泉·盂县·上社镇南部·白马山南麓
- 水磨头溶洞／晋中·昔阳县·水磨头村
- 左权溶洞／晋中·左权县·麻田镇·岭南村
- 桃花山溶洞／吕梁·兴县·桃花山
- 太行龙洞／长治·武乡县·蟠龙镇·石泉村
- 紫团溶洞／长治·壶关县
- 天然石佛溶洞／长治·平顺县
- 灵湫洞／晋城·陵川县·黄围山
- 万仙洞／晋城·陵川县·古郊乡·昆山村
- 历山溶洞群／晋城·沁水县·历山自然保护区·37座石灰岩溶洞群

禹王洞／忻州市

被誉为"华北第一大溶洞"的禹王洞，俗称仙人洞。位于忻州市东南10公里处的系舟山腰。目前已探明的洞深约2000余米，可供游人参观的有四层，共三厅十洞，长约700米。洞连洞，路通路，九曲回环，气象万千。

湿地 之旅

山西湿地
/ 精彩 推荐 /

国家级 4 处

沁县千泉湖湿地公园
祁县昌源河湿地公园
垣曲县古城湿地公园
太行国家城市湿地公园

湿地，具有蓄水调洪、调节气候、净化水质、削减污染、美化环境、维护生态安全和保护生物多样性等功能。作为"地球之肾"、"城市之肺"的湿地，在一些人的概念中，好像与山西这片黄土高原搭不上边。其实，并非如此。山西省湿地面积约有36万公顷，占全省土地面积的2.35%左右。山西湿地拥有湿地鸟类、兽类、两栖类、爬行类等动物及湿地植物等多种资源。

城市之肺/太原·湿地公园

省级 28 处

浑源县神溪湿地公园
朔城区恢河湿地公园
神池县西海子湿地公园
忻州市忻府区滹沱河湿地公园
方山县南阳沟湿地公园
文水县世泰湖湿地公园
晋中市榆次区田家湾湿地公园
平遥县惠济湿地公园
介休市汾河湿地生态公园
盂县梁家寨湿地公园
沁县北方水城湿地公园
高平市丹河湿地公园
尧都区东郭湿地公园
安泽县府城湿地公园

侯马市香邑湖湿地公园
新绛县汾河湿地公园
垣曲县古城湿地公园
关帝林局梅洞沟湿地公园
太岳林局七里峪湿地公园
阳泉市桃河湿地公园
交城县华鑫湖湿地公园
太谷县棋盘山湿地公园
曲沃县浍河湿地公园
太行林局海眼寺湿地公园
大同市文瀛湖湿地公园
左权县十里河湿地公园
大同县土林湿地公园
太岳林局沁河源湿地公园

其它 18 处

太原汾河城市湿地公园
襄汾县双龙湖湿地公园
屯留县绛河湿地公园
平顺县太行水乡湿地公园
离石区东川河湿地公园
中阳县陈家湾湿地公园
柳林县柳林湿地公园
宁武县马营海湿地公园
晋城市丹河人工湿地
浑源县西辛庄湿地
平陆县三湾黄河湿地
芮城县黄河湿地
和顺县寒湖湿地
万荣县西滩湿地
广灵县下河湾湿地
广灵县壶流河湿地
广灵县水神堂湿地
山阴县桑干河湿地公园

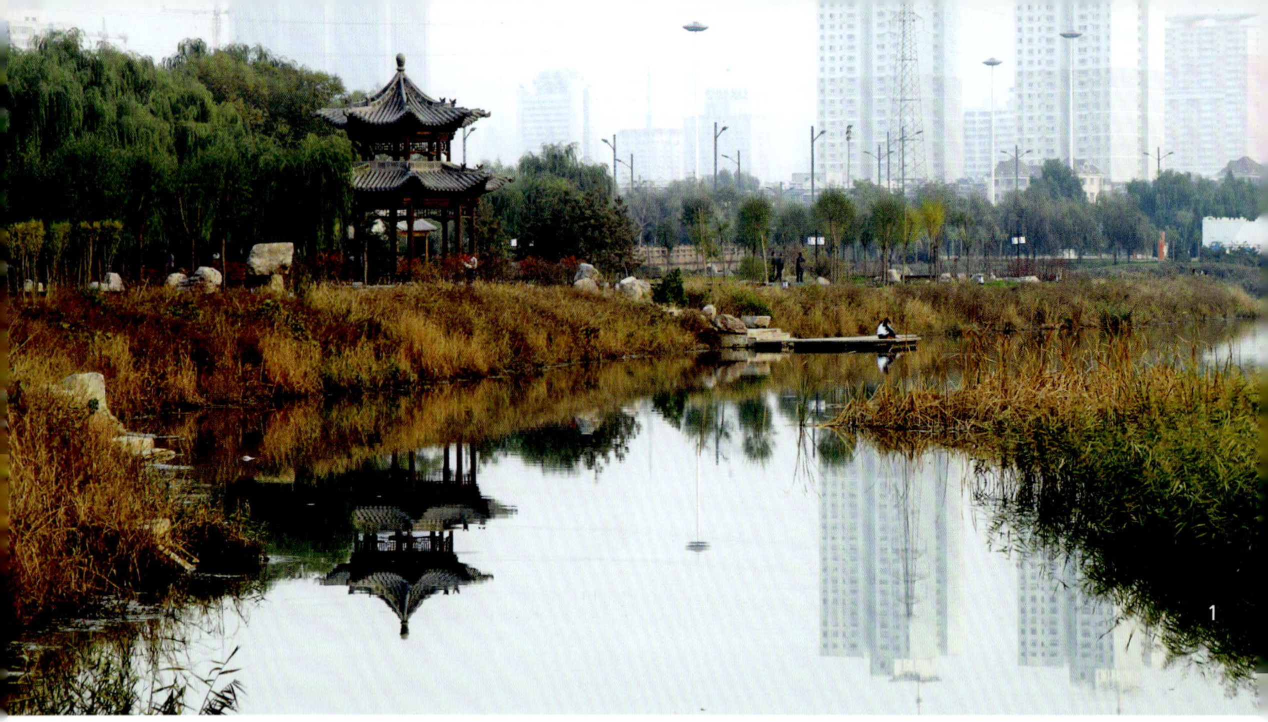

1

太原汾河

城市湿地公园

汾河湿地公园，全长2.4公里，建设面积120万平方米，其中水域面积60万平方米，绿地面积50万平方米。汾河湿地公园，是人与自然合一的和谐的生态环境。满眼是碧水绿野、湖中小岛；芦苇摇曳、野鸭游弋，充满宁静、自然与悠闲，展示了一种生命的活力与魅力，是太原市市民闲暇之际的绝好去处，也是城市的一处幽雅景点。

2

3

4

5

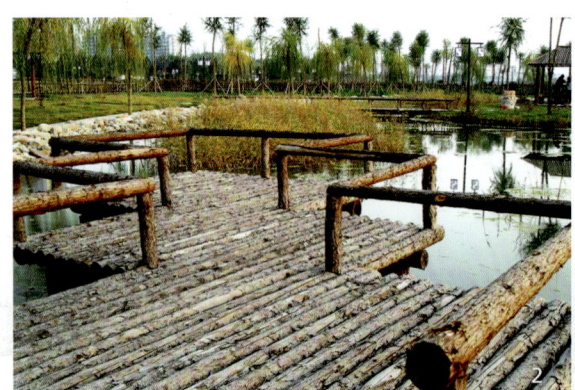

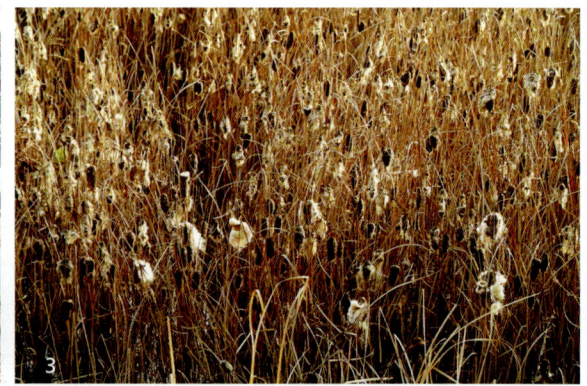

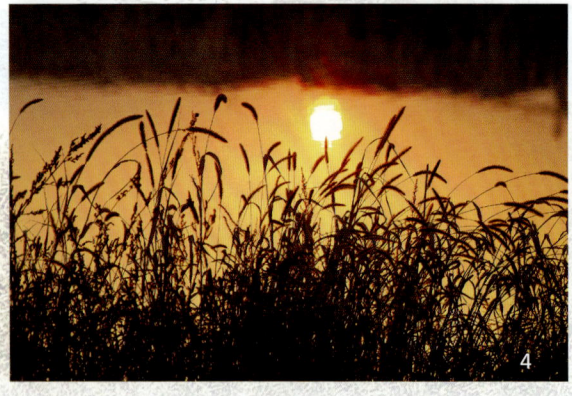

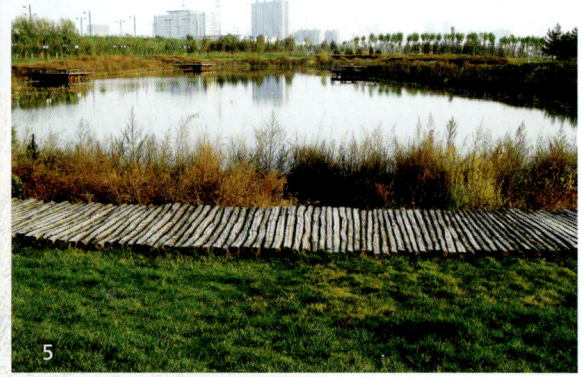

6

7

8

9

10

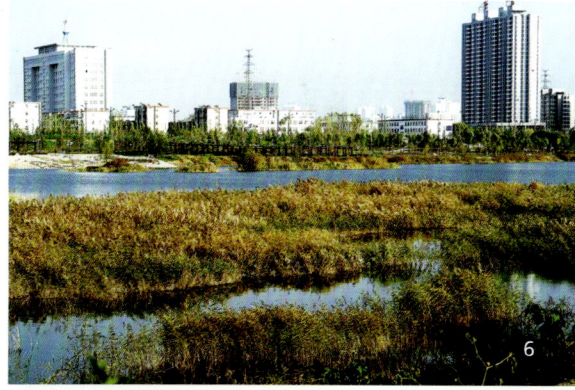

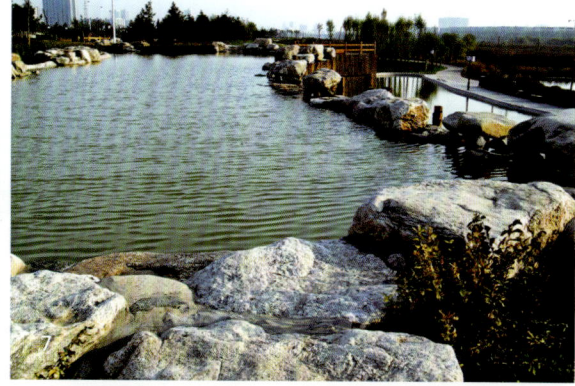

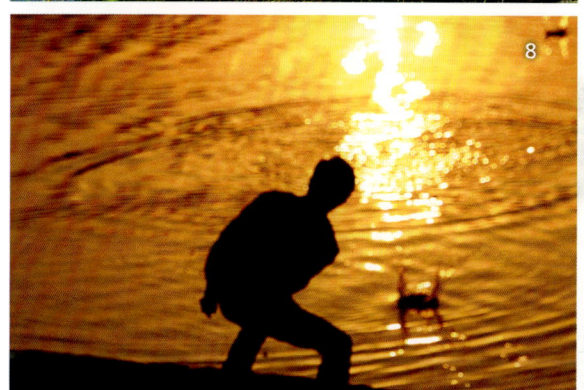

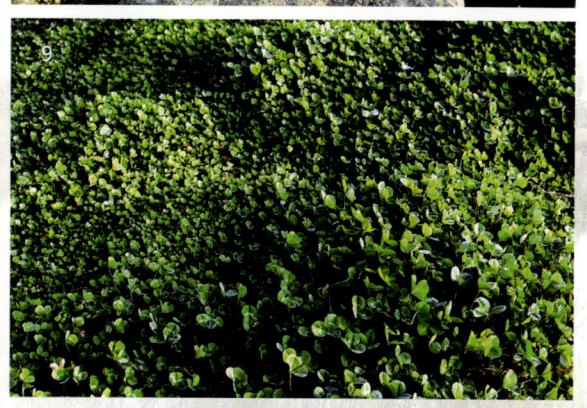

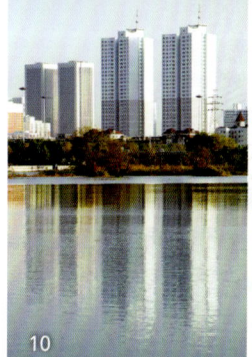

太原汾河城市湿地公园

四大景点

芳草渡 ·轮之舞 ·汇石园 ·野趣园

太原汾河城市湿地公园包括广场、芦苇荡、汾河人家、金沙滩、九曲阵、旱溪、悬壶、杏花听雨、石磨幽径、碧水涟、玲珑滩、观鸟塔、石趣园等诸多景点。

1 相 依
2 凭栏处
3 芦苇荡
4 夕阳中
5 幽境地
6 溪 水
7 石 趣
8 童 趣
9 生 机
10 倒 影
11 野 鸭

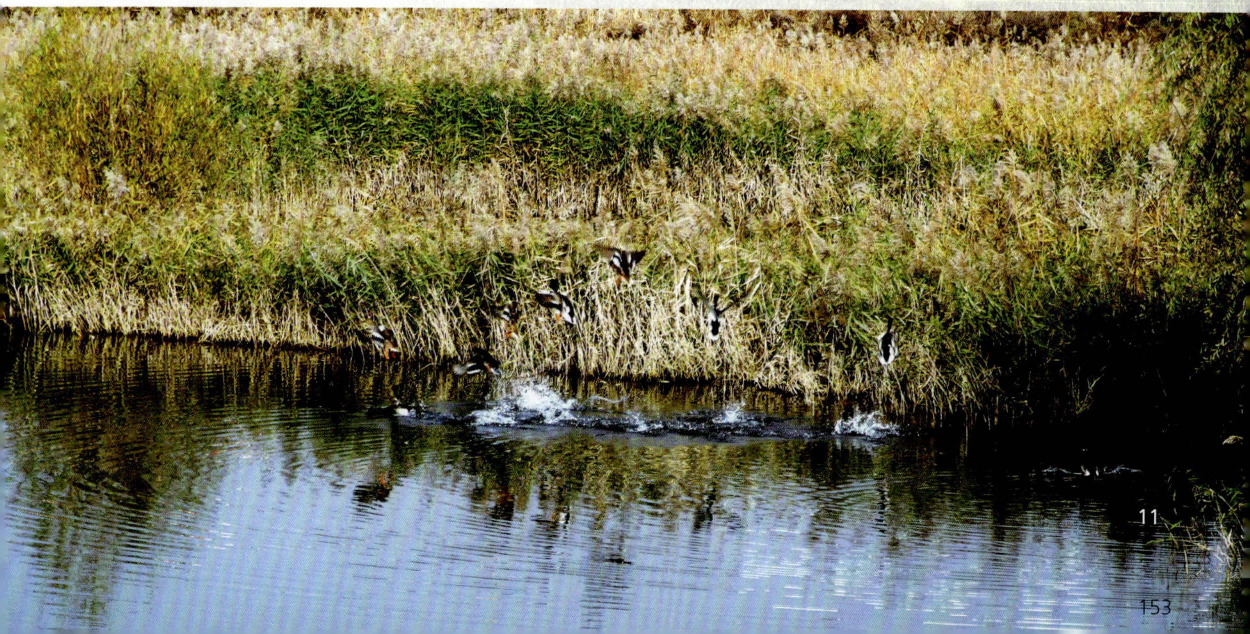

11

芳草萋萋

太行
国家城市湿地公园

太行国家城市湿地公园，位于山西省长治市主城区西北3公里处，湿地管理面积达4586公顷。地貌典型，景观独特，自然资源十分丰富。有高等植物52科217种，鸟类16目40科162种，主要水生动物7纲25种，有近万亩芦苇荡和数千亩湿地防护林，属保护最完好的原生态、天然沼泽湿地之一，是一处旅游、休闲、回归自然的好去处。

水鸟家园

流淌在都市的 一片柔情

奔波的倦意，在寂静无声和舒适的房屋里渐渐融入到遥远的记忆中……不知何时，阵阵清脆的鸟鸣，惊散了蒙眬的梦境。缕缕柔软的霞光，透过窗帘的缝隙，洒落到床前，含有凉意的晨风使人感到格外清爽。昨日的烦恼和疲惫，一下子被眼前的景致所置换。这是一片碧水荡漾的境地，绿林、青草、鱼翔、鸟鸣，蓝天之下，一处嘈杂都市难得的清静之处，一片流淌在都市边沿的柔情，这里就是山西省太行国家城市湿地公园。

太行湿地，亦名"西湖"，紧邻城郭的西北3公里处，是漳泽湖的延续部分。湿地依漳泽湖水之势而生。漳泽湖及其湿地，滋养着周边20多个自然村，人们依湖而居，世栖湿地，却淡忘了它的价值。往日的湿地，地处深闺无人识，是一片被人忘却的荒漠草滩。水道堵塞，污垢乱堆，它应有的存在价值被时光淹没。曾几何时，这里也就是农人牧羊，孩童戏水、捉鱼的乡野之地。把它和现代化都市的发展链接起来，把湿地变成魅力城市的一部分，是近几年来上党人生活理念发生巨变的最好体现。湿地公园的开发和利用，使整日沉闷在水泥筑造的王国中的人们，能有机会亲近身边的绿色生命，来到这里与自然为伍，放松心情，休闲娱乐，尽享来自自然的和谐与温馨。

火球跃出，将湿地抹上了一层暖色的阳光。流水载着小船穿越碧波，飘过竹桥，那意境仿佛是江南水乡的翻版。一望无际的水域景致，让人心旷神怡。湿地边的芦苇荡，如同一块调色板，嫩芽新绿，陈苇枯枝。淡黄色的芦苇丛，好似万千长箭直指天宇。芦苇深处闻鸟鸣阵阵，不知是谁，抛出的一块石子，惊动了芦苇丛中飞鸟家族，飞出了一只只飞鸟和水禽，为这宁静的时光增添了快乐的音符。湖边农舍，轻烟缕缕，绿水之上，木舟点点，好一派南国风光。有酷爱垂钓者静心于鱼塘池边，注目那欲来欲去的上钩馋鱼。清晨，是宁静而充满希望的时刻。极目楚天舒，满眼尽活力。无论在首蓿地里，还是在即将成熟的夏麦田中，绿染田野，显示着勃勃生机。满园景色，任你从不同角度和方位望去，都会慰藉你的心灵而收获多多。

太阳当头，酷热难耐之时，林荫长堤上、池塘流水边，处处凉意扑面、爽气宜人。在湿地公园，当你需解乏于舒适客房或休憩在农式小舍，都会快意无比。尤其位于农家小舍旁的名犬和家禽乐园里藏獒此起彼伏的竞吠，黑白天鹅悠然畅游，鸳鸯对对戏水于变幻无常的波光倒影中，这种动与静的结合画面，是浮躁的城市生活所无法亲聆与感受到的快乐。

芦苇秋景

太行国家城市湿地公园,占地757公顷,与漳泽湖水相连,构成了以水域为主要特色的湿地景观。湿地,随四季变化而呈现出特色分明的迷人画面。当大地万物复苏之时,这里的草木芦苇尽显生命的绿色,成了四方候鸟眷恋的家园,草丛中、湿地里,跃动着鸟类美丽精灵的身影。稍不留意,那些被惊飞的灰鹤和不知名的水鸟飞禽就会闯入你的视野和镜头。在和煦的春风中,结伴而至的都市踏青人,在这里尽情沐浴着明媚的春光。酷热的夏季,湿地里草茂水美,碧波涌动,这里又成为避暑纳凉的好去处。林荫小道漫步,池水竹桥赏景。湖畔沙滩戏耍,倩影双双入境。乌篷荡漾,快艇穿梭。水上娱乐,池塘垂钓。陶然忘情,好不惬意!秋至,天高云淡,这里有着七彩的景象。湿地边五颜六色的庄稼,已将丰盈的果实奉献给了辛劳一年的农夫。泛黄的芦苇,好似凝聚了生命的积累。当秋风拂过湖面之际,偌大的芦苇荡,犹如巨大的竖琴,奏出美妙动人的秋赋乐章。高亭之上,三朋五友,把盏巡回,对酒高歌,岂不乐乎!湿地,又成为人们重返自然,寻找生命真谛的境地。冬至飞雪,湿地呈现出别样风光,为你展示出一幅大气磅礴的山水画卷。寂静无声中,流露着生命的涌动。鱼潜池底,天鹅引颈,萧条之中,蕴藏着来日的勃发。消闲在落叶无数的幽径上,思绪凌空,感悟人生的四季,苍凉于天地的轮回。自然的静洁,也会使人的心境涤荡,这也许是都市身边有一处湿地会带来的益处吧。

有着城市之"肺"和"肾"之称的湿地,是现代都市的调节剂,在现代生活及都市生态系统中,有着异常重要的作用。

游走在绿荫碧水间,让心身穿越自然,在享受生活和思索现实与未来间获取收获,这是来到太行湿地公园最大的感受。湿地的晨曦宁静而美丽,湿地的傍晚更是多彩而辉煌。夕阳仿佛是一个金色的圆盘,在它回家之前毫不吝啬地将余晖洒满整个湿地的流水与草木间,呈现出梦幻般的景致,游人暮不思归的眷恋之情油然而生。鸟儿们在贪婪地寻觅着最后的晚餐,芦苇及水草在夕阳的逆光下,勾画出了光与影的佳作。相机的快门不失时机地捕捉着来自天地间这迷人的瞬间……

远去归来,日出日落,亲近自然的湿地,流淌在都市边沿的这片柔情之地,会让你留下难忘的清新愉悦的记忆。

围湖养鱼

水禽游弋

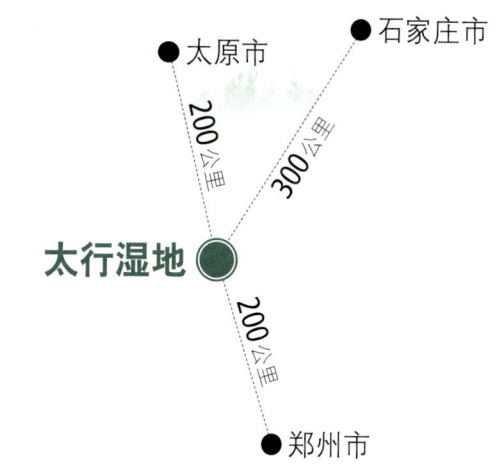

交通提示 太行湿地位于山西省长治市北寨桥西800米处。太（原）长（治）、长（治）邯（郸）、长（治）焦（作）、长（治）晋（城）等高速公路及多条国道、铁路、航线相通。由高速长治出口下，往市区方向2公里即到。

黑天鹅

鸟鸣其间

餐饮住宿

可在湿地食宿，感受别样心情。有"龙宫"高档客房、会议室及"湖外湖"餐厅，饮食大众化或提供会议标准。也备有农舍式的普通房间。收费视季节而定，或可就宿于市内。

游人入画

157

天鹅眷恋的地方
圣天湖湿地

在黄河边的芮城县城东南20公里处的陌南镇，有一处闻名省内外的地方，那就是天鹅眷恋的地方——圣天湖湿地。

圣天湖湿地，东南两面临黄河，西北靠黄土高坡。来自黄河的水系，造就了一方宝贵的湿地，是中原黄河湿地的明珠。江南般的湖光山色与北国黄土高原的反差对比，形成了独具韵味的景观，蔚为壮观。湿地保护区总面积1.35万亩，其中，6000余亩水域面积，宛如一块镶嵌在黄土高坡上的翡翠宝玉。

夏日观荷是一大看点。2000余亩的红、白莲，盛开时节，相映成辉，犹如出水芙蓉别样美。金秋时节，捕鱼挖藕，呈现出另一番丰收景象。而冬季在圣天湖看鸟更是一大热点。春节前后，瑞雪纷飞，成百、上千乃至万余只白天鹅，在迁徙的过程中栖息于此，形成了我省罕见的一道景观。无论滩头水面、黄土蓝天，处处可见这些高贵的客人光顾。它们戏水于湖面、栖息于芦苇或飞翔于蓝天，悠闲自得。由于当地政府采取了严格的保护政策，这里的村民与天鹅等鸟类和谐相处，情景十分感人。

每当天鹅降临圣天湖湿地的消息在媒体上传扬开来，这里便成了人与天鹅近距离对话的天堂。来自全国各地数以千计的摄影人和旅游者，不顾天寒地冻，静静地守候在湿地边、芦苇旁，看那悠闲翱翔在蓝天的天鹅以及数百种候鸟的雀跃。很少能看到这样的景致，很少能如此近距离地对话。无法计数的摄影镜头，捕捉到了这些天使精灵的千姿百态，在一次次的接触中，人们感到了一种慰藉。

在冬季，虽然没有出水芙蓉的艳丽，却有着历经春夏秋冬的残荷的凄美。寒风中，芦苇荡里鸬鹚、白鹭、黑鹳、灰鹤、鸳鸯、鸿雁、翠鸟以及各种野鸭等生灵，享受着自己安然的生活。冬季，这里是天鹅和鸟儿的世界，正是美丽的天鹅和鸟儿们把冬日的圣天湖营造成了一处生机盎然的天堂。

保护好湿地，就是保护好了自己的家园。祝福这些尊贵的客人，我们的朋友，在山西的家园——圣天湖湿地生活如意，年年到来。

1 家园 2 和谐 3 飞翔 4 静谧 5、6 舒展 7 冬荷

最佳时机
6月左右看荷花。天鹅飞临时间在每年入冬以后至春节前后，注意新闻报道消息。正月十五左右，天鹅飞离此地。

交通提示
太原→大运高速→运城→解州→陌南→圣天湖。从芮城汽车站坐"芮城到陌南"的线路车到陌南十字路口，再坐去圣天湖的车。

附近景点
芮城有永乐宫、广仁庙、大禹渡、寿圣寺、城隍庙、九峰山等古迹。还可以到平陆三湾湿地看天鹅。

温馨提示
- 出发前一定尽量与当地朋友了解天鹅飞临情况和天气变化或查阅相关资料。
- 拍摄时不要喧哗，保持安静。
- 不可穿红色等艳丽色彩的服装，以免使天鹅等鸟类受到惊吓。
- 不要随便给天鹅喂食。

关隘
之 旅

古人云：依山筑城，断塞关隘。关隘，即险要关口之意。山西，因为其地理的特殊性，也是历史上战事多发、兵家必争之地，因此，境内和四周星罗棋布的关隘便形成了千余个，居全国之首。这些关隘，见证和记录了往日曾经的辉煌。虽然风雨春秋涤荡了它原有的雄姿，关墙坍塌，路径荒芜，时代的快车已替代了岁月的印迹，但关隘所遗存的边塞历史文化，蕴含了厚重的人文知识和历史沉淀，成为后人丰富的知识宝库和精神财富，尤其是在当今旅游盛行的时代。在现存的古关隘中，知名的就有500余个。一些保护较好的如平型关、雁门关、娘子关、固关、碛口等已成旅游热点。每一个关、口、渡、岭、隘、堡、塞、峪、寨、壁等，都流传着许多当年征战、商旅的往事，令人回味无穷。踏着杂草丛生的古道，抚摸斑驳的碑刻铭文，又是一种回归历史的别样感觉……

昔日雄关——雁门关

■ 雁门关

居山西省代县西北20公里处的雁门关，隋唐时称西陉关。明洪武七年（1374）重建，地势险要，伟岸雄固，自古为边防戍守要地。其上镶嵌砖镌"三关冲要无双地，九塞尊崇第一关"，与宁武、偏头两关相连，称之为"晋北三关"。自战国到西汉、隋、北宋，乃至抗日战争期间，雁门关一带历经战事风云，遗留下众多往事。古老、雄伟、历经春秋的雁门关，每每到此均会令人激情涌动，感慨万千！往事去矣，但雁门关作为重要的古代边塞军事文化遗迹，承载着厚重的历史，吸引海内外游客到此旅游观赏。

1 岁月　2 沉淀　3 回味　4 古道

今日雁门

得胜堡/大同·新荣区

历史上的 山西古关隘 | 一览表

太原

太原市	（市区）天门关 阳曲湾（三交口、孟狼城） 蓝谷 风峪 晋安寨 虎北口
古交市	孔河关 岔口
娄烦县	一箭岭 隘口 天池城
阳曲县	石岭关 赤塘关 凌井口 两岭关 三交口 狼孟城 柏井（百井） 阳兴寨 大盂城

大同

大同市	得胜堡 拒墙堡 助马堡 拒门堡 破鲁堡 宏赐堡 镇川堡 镇鲁堡 镇河堡 溢水口 云冈堡 高山堡 野狐岭 白登台
左云县	威鲁堡 宁鲁堡 保安堡 云西堡 灭鲁堡
大同县	牛皮关 聚乐堡
浑源县	大磁窑口 乱岭关 凌云口 大寨头关
阳高县	守口堡 镇边堡 镇门堡 开山口 虎峪口
天镇县	新平堡 瓦窑口 镇口堡 镇宁堡 白羊口 枳儿岭 平远堡 米薪关 长胜堡 永嘉堡
广灵县	林关口 直谷关 石门关 唐山口 火烧岭 桦涧岭口 焦山寨 加斗寨 土岭寨 瓦房寨
灵丘县	铁林口 隘门口 银钗岭 下关 义泉岭关 牛帮口 狼牙口

朔州

朔州市	大水口 利民堡 阳虎堡 败虎堡 灭虎堡 井坪城 乃河堡 干柴沟 刘家口 迎恩堡
右玉县	杀虎口 破虎堡 铁山堡 牛心堡 威远堡 威平堡 残虎堡 马营河堡 马堡 红土堡
山阴县	广武城 偏岭口 水峪口 龙湾峪口
怀仁县	大峪口 鹅毛口
应 县	大石口 小石口 茹越口 北楼口 马岚口

忻州

忻州市	（市区）忻口 云内口 猫儿寨 牛尾庄寨
静乐县	固镇 娑婆岭隘 石城 马陵戍
原平市	阳武关 石门关 八岔口 玄冈口 芦板口 石匣口 石佛谷口
宁武县	宁武关 阳方口 盘道梁堡 大水口堡 黄花岭堡 宁文堡 夹柳树堡 雕窝梁堡 小莲花堡 朔宁堡
偏关县	偏头关 老牛湾口 水泉营堡 老营堡 红门市口 滑石涧堡 草垛山堡 驴皮窑口 五眼井堡 八柳树堡 水门沟口 万家寨 桦林堡 楼沟堡 关河口渡 寺沟渡
神池县	八角堡 神池堡 大涧口 黄花岭 陈家谷

163

五寨县	三岔堡
河曲县	石梯隘 娘娘滩 河保营 楼子营 河会营 五门楼寨 沙泉 九梁津 唐家会津 阴湾渡 杨沔渡 芽子坡渡
保德县	天桥峡 林遮峪 深沟水 黑石崖栈 石梯山堡 水寨渡 东沟渡 花园子渡 柴家窊渡 韩家川渡 桑园渡 神山渡 冯家川渡
岢岚县	天涧口 水峪关 洪谷堡隘 乏马岭 三井
代 县	雁门关 胡峪口 白草口 峨口 峪口 平城堡 阳明堡 太和岭口
繁峙县	平型关 郎峪关 南峪口 长嘴口 团城口
五台县	长城岭 黑山关 大峪口 高洪口 摩天寨
定襄县	荞麦寨 神山寨 青石口

阳 泉

平定县	娘子关 故关 固关 榆关 柏井驿 盘石关 白城口 厌谷口
盂 县	六岭关 十八盘岭 榆枣关 白马关 车轮口 关头口 忽川口

晋 城

泽州县	天井关 羊肠坂 大口 碗子城 小口隘 柳树隘 张路口隘 马牢关 武靳关
阳城县	白云隘 荆子隘 石哄哄口 丁羊顺隘 莲花隘 白涧岭
高平市	高平关 谷口 石壁关 营房岭 大桥隘
陵川县	路工口 五度关 永和隘 王莽台 马武京寨 龙口隘 嘴上 甘河圪洞
沁水县	东坞岭隘口 宝庄寨

晋 中

晋中市	(市区) 要罗山(杀熊岭) 黄蛇岭 长宁寨
寿阳县	鸦儿谷 黄岭
介休市	关子岭 义棠 雀鼠谷
平遥县	普同关
灵石县	冷泉关 高壁岭 阴地关 回牛岭 郭家沟
祁 县	子洪口 北关 团柏谷 盘陀
太谷县	马陵关 咸阳谷 回马谷
榆社县	石会关 鼓腰关 云簇镇
左权县	黄泽关 峻节关 黑虎关 十字岭口
昔阳县	马岭关 黄沙岭口 九龙关 泥澄口 陡泉关 虹桥关 静阳砦
和顺县	黄榆岭关 八赋岭口 清风岭关 松子岭关 小董坪关

吕 梁

吕梁市	(市区) 吴城
中阳县	泉子关 宁乡关 云齐岭
汾阳市	黄栌关 向阳关 王家池 协和堡
孝义市	白壁关 板谷关 薛颉岭 兑九峪
交口县	石口 广武镇 水头寨 大麦郊 山神峪
柳林县	军渡 孟门关 三交口渡 青龙渡 黑蛇沟渡
石楼县	永宁关 上平关 窟龙关 转角渡 辛关渡
兴 县	黑峪口 合河关 北会渡 南会渡 巡检司渡 罗峪口渡 石灰口渡 大峪口渡
岚 县	鹿径岭关 蔚汾关 二郎关 天村寨 乏马岭

铁山堡／朔州·右玉

临　县	克虎寨　碛口　高家塔渡　马家窊渡
	高家湾渡　杏林庄渡　曲峪镇渡　白道峪渡
	索达干渡　小园子渡　桥子沟渡
方山县	赤坚岭　石门土焉
交城县	靖安堡　水峪关
文水县	开栅堡

长治

长治市	(市区) 壶关口　三垂冈
长治县	太义口　西火口
屯留县	上党关
长子县	横水关　长平关隘口　雕黄岭　谷关
潞城市	神头岭
襄垣县	五瓒关　井谷关　铁峡关　虒亭
黎城县	东阳关
平顺县	玉峡关　虹梯关　马踏隘口　正梯隘
	漳义隘口　消军岭　石门口
壶关县	大河关　羊肠坂　十八盘隘
武乡县	南关　分水岭　昂车关　土河寨　石门隘口
沁源县	绵上关　柴店关　朱鹤岭　松林店　中峪店
	太山岭　王和岭　关头岭　岭儿上　雕巢岭
沁　县	漳源绾谷口　伏牛山隘口　乱柳塞

运城

运城市	(市区) 虞坂　车辋谷　阳关寨　白径岭
临猗县	吴王渡　皂荚戍　角杯戍　夹马渡
永济市	蒲津关　王官谷　下马头渡　涧口渡
	永乐渡　独头坡　张村岔　武壁　老河渡
芮城县	风陵渡　永乐渡　直岔岭　太安渡
	大禹渡　曲里渡　郑家渡
河津市	龙门　张壁　伏龙城　薛戍堡　岸门　赤壁
稷山县	玉壁关　华谷城　平陇城
万荣县	胡壁　穆林关　汾阴渡　白马渡　慈航渡
新绛县	武平关　柏壁关　家雀关　马首山
闻喜县	留庄隘
夏　县	王峪关　温峪堡
平陆县	颠軨　张店堡　金鸡堡　石锥堡　茅津渡
	大阳渡　白浪渡　三门集津　洪阳渡
绛　县	横岭关　冷口峪　沙峪口　续鲁峪
垣曲县	鼓钟川　阳壶城　瀍关　五福涧　济民渡
	板涧口　八里滩

桦林堡　忻州　偏关

临汾

临汾市	(市区) 吴村渡　分水关　长宁关　匈奴堡
浮山县	平宁关　横岭　乾壁
侯马市	铁岭关
襄汾县	柴壁　子奇垒　太平关　白波垒　青石坂
	雕掌寨　豹尾寨　龙斗峪
曲沃县	蒙坑关
翼城县	西坞岭关　皮牢城　隆化镇　荧庭城　黑虎口
霍州市	逍遥岭　凤栖岭　鸡栖原　千里径　白壁关
洪洞县	上纪落　铁口　宝崖堡
蒲　县	黑龙关　井沟峪　石头山　西安岭
汾西县	高宁堡　申村堡　青山寨
大宁县	马斗关　平渡关　浮图结
永和县	永和关　双山寨　楼山寨　兴德关　铁罗关
	许家嘴渡　佛滩渡
隰　县	乍城　姚岳城　横城
吉　县	壶口　慈乌戍　文侯镇　姚襄城　七郎窝渡
	牛心寨　采桑津　冯家集渡　马粪滩渡
乡宁县	三官峪口　两乳山　秦王岭　柏谷城
	龙尾碛　佛儿崖　红山口　金刚岭　船窝镇渡
	马匹峪口　石景山　瓜峪口　青石峡口
	鄂山关　万岁关　香炉崖渡　师家滩渡
古　县	草峪岭　东池堡　千佛沟
安泽县	良马寨　府城关　猗氏关　潼关隘

165

偏头雄关

偏头关 ｜忻州·偏关

位于晋西北的偏关县城，因地形东仰西伏而称偏头关，亦称偏关。它是明代"外三关"中最西面一关，故又有外关之称。明洪武二十三年（1390）筑土关城，万历三年（1575）再经改筑而成为要隘。历史上偏头关是边防要冲，多次发生战事。登偏头关，东望黑驼山，西望黄河，边墙与长城依关蜿蜒，景色壮美。

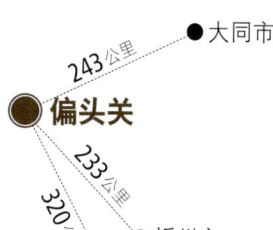

宁武关 ｜忻州·宁武

位于山西省宁武县城区。关城始建于明景泰元年（1450），地势险要，气势雄伟。宁武关地处"三关"中路，素有"北屏大同，南扼太原，西应偏关，东援雁门"的重要战略地位。由于其特殊的地理位置，宁武关是三关中历代战争最为频繁激烈的关口。

精美砖雕

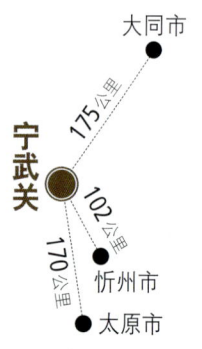

老宅老人

宁武雄关

娘子关

阳泉·平定

在山西平定县城北45公里处绵山上的娘子关（原名苇泽关），为明嘉靖二十一年（1542）所筑，是进出山西的咽喉通道、长城著名的关隘。传说唐太宗之妹平阳公主统领娘子军驻此设防，故名娘子关。因娘子关处在万里长城内边的"内三关长城"南端，故有万里长城第九关之称。此关筑构坚固，两翼之长城依山势蜿蜒，成为山西河北间的天然屏障。关城北侧临湍急桃河，南接逶迤山岭。娘子关飞瀑清泉奔泻，美丽诱人。娘子关，不但是历史边关重镇，也是风景独特宜人之处。正如"楼头古戍楼边寨，城外青山城下河"楹联展示的那样，古关以独特的自然风貌和动人的历史传说，成为一处知名的旅游胜地。

平阳公主彩塑

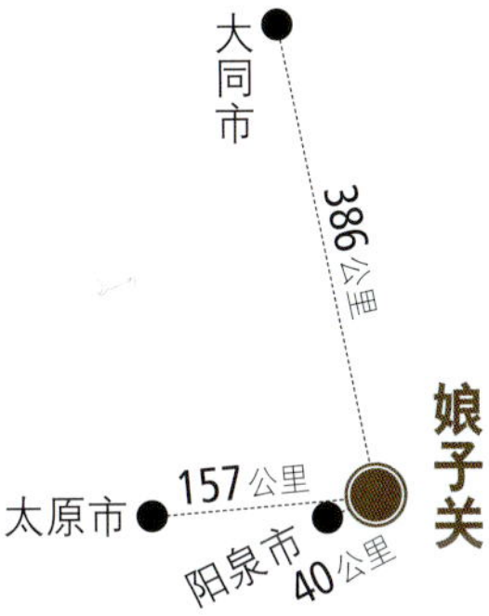

娘子雄关

杀虎口

位于山西省右玉县北的杀虎口为明长城大同镇重要关隘。杀虎口地形险峻,东靠塘子山,西傍大堡山,两山之间自古就是南北重要通道。杀虎口关城明嘉靖二十三年(1544)始建。目前,右玉及杀虎口已成为边塞军事文化和塞北风情旅游的好去处。

边靖楼

代县鼓楼又名边靖楼,位于县城中央,始建于明洪武七年(1374),总高十二丈,是历史文化名城代县的标志性建筑。正面上悬『雁门第一楼』和『声闻四达』两巨匾,北面悬『威镇三关』一巨匾。

旧广武

位于山阴县城南40公里广武汉墓群南侧的旧广武古城,始建于辽代,历史上曾是汉民族与北方少数民族发生战争的主要地区,造型独特。城周长1652米,墙总高8.3米,石条作基,外部砖砌,东、南、西三面设城门,不置北门。城池呈长方形,敌楼、烽火台、垛口、望洞和射孔等构成了完整坚固的防卫体系,是山西省现存最完整的古城之一。城内街道建筑布局基本保留原制。

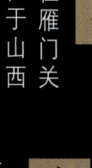

老牛湾堡

位于山西省偏关县境内的老牛湾堡,是明长城中重要的关隘军堡、山西境内黄河和长城唯一的交汇处,目前已开发成旅游景点。

平型关

平型关在雁门关之东,位于山西省繁峙县东北与灵丘县交界的平型岭下,历史上就是戍边镇守之地,明代为内长城重要关口。平型关北有恒山,地南有五台山,地势陡峻,险要,一条古道穿平型关城而过,东连北京的紫荆关,西接雁门关,结成一条严固的防线。平型关战役是抗日战争爆发后我国打的第一个大胜仗。平型关战役旧址在灵丘县城西桥沟一带,现已辟为抗日战争纪念地,供游人缅怀游览。

右卫镇

位于右玉县城的右卫城建于明洪武二十五年(1392),自古为北方重镇,是老右玉县城。呈方形,历史上城内府署、县衙、庙宇、民居等布满30余条大街小巷。现仍有居民居住在依旧沧桑的老城里。

171

山西 长城巡礼

白草口长城 / 朔州·山阴 忻州·代县

走在三晋大地上，面对着一座座烽火台、一段段残垣断壁的古老城墙，一种热血激荡的冲动、一种遁入时空隧道的感觉会油然而生。长城，展示了那一段段曾经辉煌的难忘岁月，静默无语中蕴涵着悲壮的历史。跌宕起伏的长城，镌刻着太多中华民族的荣辱，印记了无数刀光剑影。抚摸着残壁土墙，感到的是流淌的时光和厚重的历史沉淀。

山西境内的长城是万里长城的重要组成部分，是祖国珍贵的历史文化遗产。在山西，从战国到明清等不同时期的长城总长度约达3500公里，现存较为完整的也有1500多公里。其长城遗迹为战国、东魏、北齐、北周、隋、宋、明、清等不同时期的长城遗迹。

作为历史上兵家必争之地的山西，长城、关隘则是充满浓郁边塞军事文化的宝库，犹如一幅幅色彩斑斓的巨卷画作，记载了太多的历史和社会人文信息。

山西历代长城
遗迹寻觅

长城遗迹主要分布在山西9市40余县（区）

■ 汉长城

以广灵县直峪口附近的长城为主，有40余公里。阳高、大同、左云一带有150余公里。

■ 南北朝长城

河北省的延庆县至黄河边上的山西偏关一带，山西境内有400余公里。忻州市西北现存遗迹仅5公里。北齐所筑的长城从黄栌岭到临县乌突戍往北，再到兴县的长城坪折东北经岢岚到五寨、宁武交界处，山西境内约900公里。

■ 隋唐长城

隋代在山西境内修筑的长城有500余公里，最完整的地段在岢岚县。唐代长城在太谷县东南40公里的马岭关（分属榆社县）上，大部分已风化破坏。

■ 明清长城

明朝大规模修筑长城，山西境内有大同边和太原边。大同边即今大同市，东起天镇东北的镇口台，西到偏关三道边，长543公里。分偏关段、平鲁段、右玉段、左云段、大同段、阳高段、天镇段七段。太原边即今偏关县东北，西起保德黄河岸，经河曲到壶关，总长750余公里。分偏（关）代（县）段、山阴段、应县段、浑（源）繁（峙）灵丘段、茨（沟营）黄（泽关）壶关段五段。清同治七年（1868）在吉县小船窝一带曾修筑长墙5公里。

天镇、阳高、左云、右玉、偏关、雁门关等地段长城较好，尤其右玉杀虎口、代县白草口长城、偏关老牛湾、偏关桦林堡长城、偏关红门口长城保护较好。全国唯一以"长城"命名的乡——长城乡，在阳高县。

1

1 长城乡 / 大同·阳高
2 七十二长城 / 朔州·右玉
3 箭楼砖雕（明）/ 白草口长城
4 支锅岭长城 / 晋中·和顺
5 花园屯长城 / 大同

城堡之旅

杀虎堡／朔州·右玉

张壁古堡／晋中·介休

古堡城郭，在现代生活中无疑是一道独特的风景线。古堡、老城，是历史的积淀，是人类文明的见证，是虽已远去，但依旧存在的家园。山西在全国范围内拥有古城堡数量最多，品质最好。来到山西这片古老的土地上，走进一座座城郭、古堡中，古稀的老人会向你发出慈祥的问候。镌刻在石、砖、木上的图文遗存，是人类远去的记忆。无论是世界文化遗产的平遥古城，还是历经战事沧桑的广武古城；无论是闻名遐迩的张壁古堡，还是风雨千年的店头古堡……犹如遁入时空的隧道中，感叹、惊讶、思索、启迪，文明岁月的久远，成就了山西永恒的骄傲。

山西古城堡
/ 精彩 推荐 /

平遥古城	晋中	右玉古堡系列	朔州	娘子关古城	阳泉
榆次老城	晋中	广武古城	朔州	湘峪古城	沁水
孝义恒兴堡	孝义	平型关古城	灵丘	砥洎古城	阳城
古太原县城	太原	镇边堡	阳高	郭峪古城	阳城
店头古堡	太原	宁化古城	宁武	皇城相府古城	阳城
大同古城	大同	桦林堡	偏关	圣母玫瑰古堡	泽州
大同得胜堡	大同	张壁古堡	介休	王官别墅	永济
大同许堡	大同	夏门古堡	灵石	……	

砥洎
悠远岁月
珍藏版
晋城·阳城县

神秘的明代袖珍小城"砥洎"[音dǐ jì]，是一座古老的城池，又是一个奇特的村中城，更是一段悠远岁月的珍藏版。古城位于山西晋城市阳城县境内。近400年来，屹立在秀美的沁水河畔。它所在的润城村，战国时期就是韩、赵两国相争的重镇，自古以来有着"少城"、"铁冶镇"之称，明嘉靖三十八年（1559）才改称为"润城"。城池巧借沁河河床上的天然大砥石而筑成，犹如中流砥柱，巍巍壮观，与皇城相府、郭峪村共同形成了沁水流域罕见的古堡群落。作为山西省重点文物保护单位的砥洎城，其原生态的自然景观引人入胜。随处可见的石、砖、木雕等文物，与古老的建筑相间，形成了一处岁月的浓缩点。昔日砥洎，三面环水，碧波荡漾。北城门又被称为"水门"，出门即可荡舟而去，可见砥洎当时之秀美和独特。而如今，感慨樊水枯竭，沁河变道，往日美好的记忆已沉积在干枯的土地中。杂草丛生的残垣断壁及石碑上，依稀可以读出旧时的辉煌。当时任明朝北京大兴县知县的砥洎人民杨朴，在明崇祯五、六年（1632-1633）时局动荡之际，耗金数千，筑砥洎城，固若金汤，为乡民立下了不朽之功。小城建筑"既有北方民居风格，又有南方水乡民居特色"。面积仅有三万多平方米的浓缩古堡，犹如一座迷宫。沿着幽深狭窄的石巷小路，游入高耸神秘的大墙宅院。目睹古色华丽的建筑和青墙石壁的遗物，感慨顿生。建有明廊、雕梁画栋的阁式小楼的院落有70余处，拥挤在一个个整齐的"丁"字形的十大街坊里。一幅幅"耕心种德"、"耕读传家"

的匾额和极富文气的"笃庄居"、"鸿胪第"等，成为古城文化的标识。走过院院相连的明巷暗门，穿越攻防皆宜的过街小楼，悠远的故事会从四面八方向你涌来。

砥洎尤为称奇的是古城墙的独特构造。在数十米长的砥洎城墙内面，由大量密布蜂窝状的坩埚、石块和青砖混砌筑成，形成了一道风格异样的奇观，故又称为"蜂窝城墙"。据说，明代这里冶铁业相当发达，当地乡民采用冶铁废弃的坩埚作为建造民居和垒砌城墙的材料。可以想象出几百年前，这里处处冒青烟、家家忙冶炼的繁华景象。砥洎城墙上，筑有望楼、女儿墙等，城下遗留有古代藏兵洞，现已成了各种各样的储物仓。试想当年，虽战事频频，而防守皆备、坚固、科学的城防系统，却有效地阻隔了烽火年代的种种骚扰。砥洎人可以在乱世中，求得一种相对安然的生活。

古城悠悠，民风淳朴。漫步小城，至今仍感受到一种难得的怡静。村民张根生的宅院，是一处建筑豪华、大气经典的古宅，三层阁楼的四合院里，落满初春的暖阳。一具硕大的水缸上，布满了鸳鸯戏水和狮子舞绣球等图案。墙角腊梅树苍劲的枝条上已含苞吐蕊，暗香浮动。古香古色的字画，昭示着主人浓郁的雅兴。院落里一块石板，让人更是为之一振！这块长84厘米、宽60厘米、厚20厘米的石碑，当主人用少许面粉轻撒上去，然后将浮面的面粉吹去，黑色的石碑上，居然出现了一幅清晰可见的石刻明崇祯十一年（1638）的龟状形"山城一览"图。图中城郭、街道、文昌阁等主要建筑的分布清晰在目，成为我国古代建筑史上罕见的珍贵资料，真可谓是镇城之宝!此图距今已有370余年,由此可见,砥洎小城的历史至少应在明末以前。"无情岁月增中减,有味诗书苦后甜"。富杰的土地与山水,造就了城池的辉煌,不但富商巨贾迭出,而且昔日昌盛的文风也孕育了众多杰出的文化名人。明清以来,土肥水美的润城——砥洎,涌现出了陕西巡抚张璩和在为政,治学上博学多才的大学者张敦仁等三进士,明代官至吏部尚书的著名政治家、学者王国光和明末吏部尚书、著名的诗人、书法家张慎言以及清代延君寿等名人志士。砥洎城中,质朴的民风和尚文传统至今依然保持。虽然沁河的碧波早已不见,但昨日的旧梦不再遥远。小城故事多,岁月留下了杨家筑城复卖城、张家又买城的典故,还有广为流传的传说。望着周边的那些古建遗迹,于斑驳岁月中,让你融入其中,慢慢回味。正是代代延续的生灵,才给这座凝重的小城不断地注入了勃勃生气。

久久不愿走出这古老的城门,唯恐外面那浮躁的世界又会让人远离这久违的宁静。

1 坩埚、砖石混筑的城墙 2 梅花绽放的古宅大院
3 高墙壁垒的古城 4 幽深古巷的城内建筑

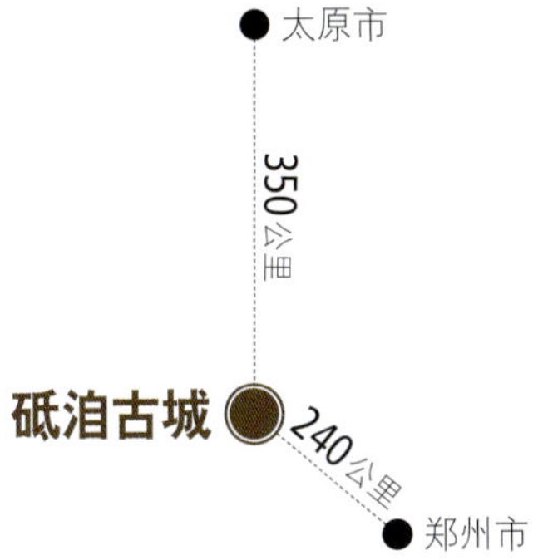

●太原市

350公里

砥洎古城 ● 240公里

●郑州市

交通提示 砥洎古城距侯(山西侯马)月(河南月山)铁路线阳城站7公里,距阳城县13公里。由太原、河南均可走高速公路抵达山西省晋城市。晋阳高速公路与晋(城)长(治)、晋(城)焦(作)、晋(城)候(马)等多条高速公路交汇,抵晋(城)阳(城)高速公路润城出口下高速,右拐进入润城镇北即达砥洎城。

砥｜洎｜古｜城

俗称寨上,是山西省重点文物保护单位,为华北地区现存尚好的明代民居代表、建筑史上的稀缺实物资料。

古太原县城

太原市·晋源镇·古城营村

创建于明洪武八年（1375）的古太原县城（俗称凤凰城），位于太原市晋源区境内，距市中心20公里，已有630余年历史。它是复建在晋阳古城遗址之上的明、清时期的太原县旧城，既是晋阳古城的延续，更是晋阳古文化的传承。古太原县城西依龙山，东临汾河，作为大唐的龙兴之地，有着丰富的历史文化内涵。原古城内有颇多的古街、老宅、牌坊、庙宇、楼阁、祠堂、祭坛等建筑与众多的作坊店铺，古朴庄重，雄伟壮观，其繁华景象非同一般。目前，古太原县城的恢复和开发已列入政府规划之中。

交通提示

古县城距太原火车站20公里，距飞机场15公里，从火车站乘坐804、856、839专线公交车可直达。

1　古城西门
2　砖雕
3　太山寺
4　文庙大雄宝殿
5　龙形木雕
6　龙形砖雕
7　"寿"字照壁
8　清中期老宅46号老院
9　秦家大院
10.11　清代老宅

张壁古堡

介休市 · 龙凤镇 · 张壁村

中国历史文化名村、国家级文物保护单位，曾被中央电视台评选为"2005中国十大魅力古镇"之一的张壁古堡，堪称一部厚重的史书。张壁古堡始建于隋末，距今已有1390余年的历史。古堡位于山西省介休市龙凤镇张壁村三面沟壑、一面平川的险峻地带。夯土筑成的10米堡墙位于黄土之上，古堡南北二门，北门筑有瓮城，石砌而成的南堡门上建有门楼。堡内遍布典雅古朴的民宅大院，庙堂殿宇林立，文物古迹耐人寻味。古堡之下竟建有长达3000米，上下三层攻防兼备的古地道，成为我国现存比较完好的一座融军事、居住、生产、宗教活动为一体的，罕见的古代袖珍"城堡"。

1 空王佛殿／介休·张壁
2 龙脊古街／介休·张壁
3 古堡北门／介休·张壁
4 古宅／介休·张壁
5 村童／介休·张壁
6 南门古建群／介休·张壁
7 张壁古堡外景／介休·张壁

威远堡/朔州·右玉

永恒的,集军事、文化、民俗、商业、风情、自然于一体的天然综合博物馆。悠远而苍凉,博大而精深,厚重而感人。虽然岁月已被风尘湮没,但那残存的古堡身影,依旧抹不去岁月的辉煌。远离喧嚣的闹市,走进幽静的古堡群落,顿时有一种跨越时空的感觉油然而生……

游历杀虎堡、残虎堡,走进马营河、右卫镇,攀登云石堡、山岔堡,感叹铁山堡、牛心堡,见证威远堡、高家堡,遥望云阳堡、破虎堡……在荒芜的山路上跋涉,内心涌起阵阵冲动,沉浸在牧羊人讲述的古堡传说中。朴实无华的村民,用太多的热情、温暖的炕头、丰富的家宴,招待着远来的不速之客。走进古堡的过去,小心翼翼地抚摸着这曾经拥有无数生命的家园、边关将士的热土,曾几何时的岁月里,守戍疆土的有志之士,以及他们的后人,守责、耕耘、对天高歌在这里。有多少感人肺腑的故事,有多少默默无闻的历史,都深深地湮没在了黄土之下……

被誉为"中国古堡之乡"的右玉县,以其全国罕见的古堡群落密集程度、多功能类型和完整的防御体系为特点,在中国县域范围内是首屈一指,其独有的边塞军事文化同样也是闻名于世。右玉的古城堡主要有汉代古城和明清时期的古城堡两个部分,是当时大同镇防御体系的重要组成部分。难以想象的是,在这个有着250多个自然村落的小县里,居然遗存100多个古堡。数目之惊人,内容之丰富,无不令人惊叹!真是一座建筑在大地之上

中国古堡之乡
朔州·右玉县
右玉

铁山堡/朔州·右玉

铁山堡/朔州·右玉

右卫镇南门/朔州·右玉

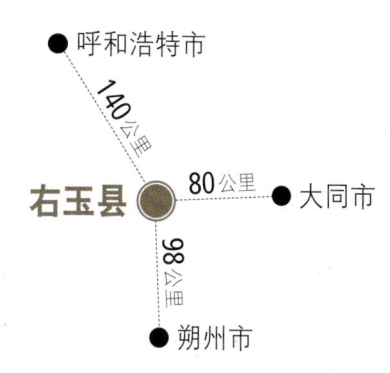

交通提示 山西省右玉县位于雁门关外长城脚下,晋蒙两省(区)三市(大同、朔州、呼和浩特)交界地带。进入大同驶入京大高速公路,不足4个小时即可到达北京。进入朔州上大运高速公路,两个多小时即到太原。道路状况良好。大呼高速公路已通车,右玉境内有右玉县城口和右卫镇口,驾车去往大同更加便利、快捷。

云石堡/朔州·右玉

皇城相府

国家 AAAAA 景区

晋城 · 阳城县

皇城相府时为当朝宰相、康熙皇帝老师的陈廷敬故居，被世人称之为"皇城相府"。皇城相府现为国家5A级景区。古城依山而筑，错落有致；相府蔚为壮观，古宅典雅，是别具特色的古代建筑群。祖居这里的陈氏家族更是明清时期享有盛誉的文化巨族。

交通提示 皇城相府位于山西省晋城市阳城县北留镇境内，毗邻晋阳高速公路。从晋城乘坐直达车辆，30分钟左右到达。

宁化古城

忻州 · 宁武县

位于山西宁武县城西南70公里处宁化乡宁化村的宁化古城，初建于隋，唐代后由于地理位置特殊而演变为军事城堡，是省级文物保护单位。城池依山而建，紧邻汾河。宁化古城历史悠久，有隋"汾阳宫"宫城遗址以及宋、明、清几代的城池建筑遗迹、关帝庙等古建筑。

镇边堡
大同·阳高县

位于山西省阳高县。古堡始建于明嘉靖二十一年（1542），是明长城大同镇重要关堡，被称为长城五堡之首。因该堡地处咽喉要冲，是镇守边关的重地，故名镇边堡，堡北面500米左右便是举世闻名的万里长城。镇边堡是山西边塞风情旅游的最佳地段。

郭峪古城
晋城·阳城县

位于山西阳城北留镇的郭峪村，紧邻皇城相府。现仍存明代民居40多处院落，至今居住着村民。郭峪古城由皇城相府向南步行200米即到。

广武古城堡

朔州·山阴县

位于山西省山阴县境内的广武古城堡建于明洪武七年（1374），是大同军事边塞防线后的第二道防线。广武古堡地处要冲，依塞傍关，与长城相连，素有北门锁钥之称。历史上无数边塞战事多发生于此，诸多历代著名将领如蒙恬、卫青、李广、霍去病、杨业、于谦等都曾在此驻守征战。因此，广武古堡有很高的历史价值与军事价值，是边塞文化旅游佳地。那早已尘封和沉淀在黄土与残墙中的春秋故事，是广武古堡永远的记忆。

交通提示

从太原出发自驾／走大运高速约2个多小时，在新广武出口下高速，即到新、旧广武城堡。
　　　　火车／到代县下车，转公交车或包车。
从大同出发自驾／沿大运高速南行120公里左右即到。
从北京出发自驾／北京至大同430公里，大同至雁门关140公里。
　　　　火车／乘坐开往太原的列车，到达原平站后，包车前往雁门关。

古村落 之 旅

地处黄河腹地的山西，自尧舜禹到明清以来积淀了数千年的人类文明，处处都可感受到一种远古的文化气息。作为凝固的历史见证和生活载体的民间建筑，古村落综合体现了那段时期社会、生活和文化的风貌，山西古村落完整的民间文化体系，是不可复制的历史模本。

山西古村落的分布密度、整体建筑艺术和丰富的文化内涵堪称全国之最。在晋西北长城、黄河沿线，反映古代边塞和黄土高原文化的古村落；在汾河中游地区，体现晋商文化的古村落；以沁河为轴线，体现晋东南文化特色的古村落群体，构成了山西独有的古村落文化特征。纵观全省3000余个具有浓郁地方特色的古村落，给人一种震撼。越来越多的影视剧的拍摄点已经落脚山西古村落。

"山西的古村落不仅美，而且又奇又妙，将成为中国民间文化抢救过程中爆炸性的成果、全国的亮点。"冯骥才先生如是道。

走进一个个古村落，就是走进一段段历史空间、一段段深厚的文化与记忆中。它的人文与历史已成了古村落文化游新的靓点。

山西国家级历史文化名镇名村数目居全国之首，形成以汾河流域、沁河流域、黄河沿岸和长城边塞为主要框架的"三河一关"古村镇格局。

古村夜色/阳泉·盂县·大汖村

姬氏老宅/晋城·高平·中庄村

相立古村/晋中·榆次·长凝镇

西湾古村/吕梁·临县·碛口·西湾村

悬空村/忻州·宁武·王化沟村

古│村│落

指的是有比较悠久的历史，这个历史还被记忆在这个村庄里面；有丰富的历史文化遗存，包括物质的、非物质的；基本保留原来村庄的体系而不是已经残余的；有鲜明地方特色的村落。

山西省历史文化名镇

窦庄古村／晋城·沁水·瑞氏镇

国家级

新平堡镇	大同·天镇县
娘子关镇	阳泉·平定县
静升镇	晋中·灵石县
碛口镇	吕梁·临县
汾城镇	临汾·襄汾县
大阳镇	晋城·泽州县
润城镇	晋城·阳城县

省级

晋祠镇	太原·晋源区
云冈镇	大同市·南郊
右卫镇	朔州·右玉县
阳明堡镇	忻州·代县
台怀镇	忻州·五台县
河边镇	忻州·定襄县
东阳镇	晋中·榆次区
东观镇	晋中·祁县
宗艾镇	晋中·寿阳县
麻田镇	晋中·左权县
大寨镇	晋中·昔阳县
孟门镇	吕梁·柳林县
杏花村镇	吕梁·汾阳市
周村镇	晋城·泽州县
高都镇	晋城·泽州县
町店镇	晋城·阳城县
米山镇	晋城·高平市
荣河镇	运城·万荣县
蒲州镇	运城·永济市
解州镇	运城·盐湖区
泉掌镇	运城·新绛县

回黄古村／晋中·和顺·李阳镇

山西省历史文化名村

店头古村／太原·晋源

大阳古镇／晋城·泽州

省级

店头村	太原·晋源区·晋源镇
王化沟村	忻州·宁武县·涔山乡
大阳泉村	阳泉·郊区·义井镇
小河村	阳泉·郊区·义井镇
西湾村	吕梁·临县·碛口镇
北贾村	晋中·太谷县·北乡
夏门村	晋中·灵石县·夏门镇
冷泉村	晋中·灵石县·两渡镇
西文兴村	晋中·沁水县·土沃乡
湘峪村	晋城·沁水县·郑村镇
皇城村	晋城·阳城县·北留镇
郭峪村	晋城·阳城县·北留镇
上庄村	晋城·阳城县·润城镇
良户村	晋城·高平市·原村乡
苏庄村	晋城·高平市·河西镇
窦庄村	晋城·沁水县·嘉峰镇
西黄石村	晋城·泽州县·北义城镇
阎景村	运城·万荣县·高村乡
光村	运城·新绛县·泽掌镇

国家级

丁村	临汾·襄汾县·新城镇
师家沟村	临汾·汾西县·僧念镇
洪上村	晋中·汾西县·堡子湾乡
尧沟村	朔州·山阴县·白桑乡
南安阳村	阳泉·平坦镇·张家庄乡
上伏村	晋中·太谷县·阳邑乡
大桥村	晋中·介休市·洪山镇
尉迟村	晋中·介休市·龙凤镇
郭壁村	晋中·介休市·张兰镇
伯方村	晋中·寿阳县·平舒乡
大周村	晋中·介休市·岳壁乡
侯庄村	晋中·平遥县·岳壁乡
下马游村	晋中·平遥县·卜宜乡
现岭村	晋中·平遥县·段村镇
平川村	晋城·陵川县·高平市
水北村	晋城·陵川县·高平市
冶底村	晋城·高平市·石末乡
石淙头村	晋城·高平市·马村镇
天井关村	晋城·阳城县·柿庄镇
拦车村	晋城·阳城县·嘉峰镇
东沟村	晋城·阳城县·北留镇
落阵营村	大同·大同县·杜庄乡
得胜村	大同·新荣区·堡子湾乡
旧广武村	朔州·山阴县·张家庄乡
官沟村	阳泉·平坦镇
阳邑村	晋中·太谷县·阳邑乡
洪山村	晋中·介休市·洪山镇
平舒村	晋中·寿阳县·平舒乡
张壁村	晋中·介休市·龙凤镇
北贾村	晋中·介休市·张兰镇
梁坡底村	晋中·平遥县·岳壁乡
西源祠村	晋中·平遥县·段村镇
段洞村	晋中·平遥县·段村镇
普洞村	晋中·平遥县·卜宜乡
梁坡滩村	晋中·平遥县·东泉镇
彭坡头村	晋中·平遥县·东泉镇
东泉村	晋中·平遥县·东泉镇
西赵村	晋中·平遥县·朱坑乡
喜村	晋中·平遥县·岳壁乡
梁村	晋中·祁县·贾令镇
谷恋村	晋中·介休市·龙凤镇
南庄村	晋中·榆次区·东赵乡
后沟村	晋中·介休市·龙凤镇
王禹村	晋中·灵石县·王禹乡
董家岭村	晋中·灵石县·南关镇
西庄村	晋中·灵石县·双池镇
张家塔村	吕梁·交口县·双池镇
宋家庄村	吕梁·临县·方山县
李家山村	吕梁·临县·碛口镇
寨则山村	吕梁·临县·碛口镇
高家坪村	吕梁·临县·碛口镇
孙家沟村	吕梁·临县·碛口镇
霞庄村	吕梁·黎城县·停河铺乡
古寨村	长治·沁源县·王和镇
王家峪村	长治·武乡县·韩北乡

湘峪古村／晋城·沁水·郑村镇

后沟古村

晋中·榆次·东赵乡

■ 中国农耕文化的瑰宝
■ 中国民间文化遗产抢救工程
　古村落示范保护基地
■ 乡村旅游的好去处

1　淳朴厚重的古村落　2　晒红枣　3　古匾　4　临街店铺下的排水系统　5　古戏台

　　山西榆次后沟古村，不仅有着沟、坡、垣、滩纵横交错的黄土地貌，还是浓缩的黄土旱塬农耕文明的传统经典。典型的黄土高原土穴窑居，依崖就势、层窑叠院，遥相呼应，形成了小村别致的乡间风景。古老的地下排水系统令人惊叹，它是后沟村民祖先智慧的结晶。排水系统从高处起，穿村过院，连接各家各户，形成完美体系，经村流水口归入龙门河内，故有"雨天不湿鞋"之说。

　　观音堂、古戏台、菩萨殿等古建筑保存完整，古朴的农耕习俗、纯正的自然环境、传统的精神信仰、灵动的生态文化，构成了完整的民间文化体系，是北方农耕文明活态文化的完美画卷。赏农耕桃源，品农家美味，实为都市人的一种心灵向往……

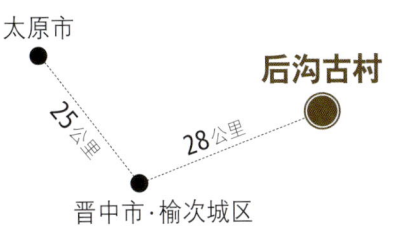

太原市 — 25公里 — 晋中市·榆次城区 — 28公里 — 后沟古村

6 古树
7 黄土塬下的篝火
8 古宅院
9 石板路

交通提示

从太原出发 公交／从太原火车站前乘901支线公交车到榆次晋华站下车，转乘18路公交车(开往后沟的班车每2小时一趟，8:00第一趟)，终点即到。

自驾／太原→太榆路→迎宾街→318国道或从太旧高速→峪头出口(即高速第一个出口下，出口转弯处标牌为榆次老城)→318国道，向寿阳县方向直行，到东赵桥前左转过铁路桥洞北行6公里到后沟村。

远眺后沟古村

独具特色的大㟧古村

大㟧村 深|山|秘|典
阳泉 · 盂县 · 梁家寨乡

㟧[音Pin]当地百姓读作"昌"，一个奇妙而富有意境的字，"山"、"水"组合，即为风光极佳之地。大㟧，这个古老的村落，名不见经传却有着诱人的魅力……远离平原和人群，远离闹市而独居在这太行深处的秘境，至今依然安详地躺在大山的怀抱中享受着那份孤独。一个奇特的村落。窑洞、院落用石头和黄泥砌就在一整块山体上，依山就势，形成了独特的造型。不但住宅依山而建，就连小路也随山势而走，使各家各户，形成了一个不可分割的整体。步入其中有一种迷宫般的错觉，难怪被称为"盂县的布达拉宫"、"云贵高原式的山寨"和"石头城"……

1

这里，既没有晋商大院的豪华与气派，也看不到江南古宅的精美与细腻，有的只是历经千百年风霜雪雨后古朴沧桑的写照。几乎空巢的留守者多为高龄老人，他们生性乐观，需求淡薄，心绪平和，执着地依恋着祖辈耕耘过的大山。

大㟧，也是一处染遍红色的可敬之地。抗战时期，这里有过激烈的领土保卫战，流过烈士殷红的鲜血，有过让历史值得永远记忆的篇章。

村民自豪地说，我们走的是原生路，喝的是矿泉水，吃的是无公害，住的是千年屋。谷子玉米土豆，不上化肥纯绿色。瓜果梨桃核桃枣和花椒，啥都不缺。

大㟧，一个难解的谜。

1 古巷老宅　2 秋收　3 夕照　4 秘境　5 老年互助组　6 空中鸡舍　7 生活

旅游咨询

交通　从太原出发，经高速阳曲县口下，走108国道，过盂县县城，直达梁家寨，大约180余公里。车抵梁家寨镇后不进镇内，右拐前行左边一条小路进山，有"古村大汖"的标牌。约7公里处即达大汖村。路面窄小，路况较差。也可把车停在梁家寨镇租面包车进山。

通讯　山内没有电话，手机信号基本没有或不固定。村民有手机，但是通话为长途。

食宿　大汖村尚未开发旅游，仅村口韩姓一家挂牌接待（**手机135 4669 5407**）。住宿简陋，饮食基本为绿色产品。

特产　核桃、小米、花椒、枣……

景点　附近有梁家寨温泉、滹沱河漂流。有野生大鲶鱼、鲤鱼、鲫鱼、甲鱼。此外，在盂县境内有藏山等旅游胜地。

太行深处有人家

长治 · 平顺 · 石城镇 · 岳家寨

窑洞民居/碛口·李家山

  在山西临县黄河流经的土地上，母亲河孕育了一个儿子，它就是古老的"碛口"。几百年来，随着风雨春秋的滋润、磨练、终成万里黄河第一重镇。在岁月的长河中，曾几何时，它是那样辉煌，在山西乃至全国形成了商界众所周知的一个重要黄金码头。而如今，它又像磁铁一样，吸引着众多的艺术家和旅行者蜂拥而至。碛口，一个流淌着故事、充满诱惑的家园。

  坐落在吕梁山系卧虎山和秦晋峡谷、黄河水畔之间的古镇碛口，距临县48公里。当你进入沟壑连片的黄土峻岭地区，饱览北国山峦的壮美风光，抵达峡谷中依偎在大山、黄水怀抱间的古老村镇时，看那宽阔的黄河水和环绕而过的湫水河相拥的碛口，犹如一颗宝珠，镶嵌在卧虎山下。夕阳抚摸着舒缓的河水，好似一幅软缎涂满了金色，向来者倾诉着那令人骄傲而无法忘却的记忆……

  早在清初黄河古道便成为连接南北经济命脉的主要通途。当400多米宽的河水流经碛口的"大同碛"处，骤然缩为不足80米的急流浅滩，从而造就南来北往商道的水旱码头。200多年间，古镇碛口形成了晋商中活跃的桥头堡，似一把链锁，紧紧地联系着太原、北京、天津、陕西、甘肃、宁夏、内蒙，乃至汉口等地，在历史上形成了独具风格的商业重镇。穿梭于碛口充满沧桑气息的长街小巷，漫步在一个个落满历史遗痕的高墙大院，触摸那斑斑锈迹的木门铁环，品读着"物阜民熙小都会，河声岳色大文章"的清代名句，不由自主的你，便融入了岁月的长河之中。

  鼎盛之际的碛口，是一派水上舟船穿梭、岸上商贾如云的景象。试想当年，经营粮食盐油、皮毛药材、烟酒茶糖、绸缎钱庄……应有尽有的380余家大小

碛口

吕梁·临县

一个流淌故事的家园

商铺货栈，拥挤在这三里多的狭长之地。黄河卵石铺就的路面上留下了多少骡马骆驼踏跺的印迹。依山就势建造的清、民宅院气势不凡。那是一番何等繁华热闹的景象。"碛口街上尽是油，三天不驮满街流"的民谚流传至今。老街山巷里，昼夜不息的马蹄驼铃拉来了碛口的财富，也送走了古镇的名气。即使在月朗夜静的时刻，高圪台阶上的店铺里，都仿佛传来了掌柜们清脆流畅的算盘珠声……古老的码头和无言的驴辕早已作为历史见证，记录着当年往来于内蒙河套、包头日有百艘船舶的盛景。几百个搬运苦力那震撼心魄的号子声，回荡在山水之间。

民谣"九曲黄河十八湾，宁夏起身到潼关，万里风光谁第一？还数碛口金银山"道出了历史的认可。碛口人，依靠黄河水道和"大同碛"的地理优势，自恃着山西人独有的聪明才智和创业精神，干起了"东货西运"的转口贸易，日周转货物不下百万斤。在当时公路运输不便的背景下，营造出了一个辉煌的"小都会"。多少商贾之道，多少人文典故，荡漾在这青山与黄水之间。然而，二百多年的繁荣，自20世纪30年代末始，经历了黄河水患的侵害、现代铁路运输的兴起、战争年代的毁灭等，碛口，终于慢慢地掀过了它璀璨的一页。黄金故道已去，

碛口远眺

高山依在，河水长流，岁月为我们留下了一份份珍贵的活化石。

明代始建的卧虎山黑龙庙里古老的乐楼讲述着碛口兴隆时的繁华胜景，昔日碛口几乎日日都可闻及锣鼓喧天。撩人的戏曲飘过黄河，洒落在河水两边山西、陕西的沟壑村落里。如今，河面上如梭的船只少了，代之以浪花中飞驰的游艇。西去东往的马队驼群不见了，而穿梭在老巷新街上的是笛鸣不断的摩托和汽车。依旧的陈店旧铺，没有了商家客户的繁杂应酬，变成了挂有"美术创作基地"等的匾牌和一个个农家旅店。

古巷·碛口

往日的古宅老院，不再是囤积、转运商贸的客栈，而成了大型旅行团队的宾馆。越来越多的影视剧组落户古镇，来汲取生活源泉的真谛。以"红枣第一县"著称的临县碛口，正在转型成为集黄土地貌、峡谷黄河、古镇民俗及商贾故地为一体的旅游胜地。

在这块古老的土地上，天南海北的艺术家和旅行者，成了当今的"商客"，在这曾经辉煌的故地，去挖掘失落的昨日；在这独特的山水间，沿着岩壁上的黄河古道，去感触岁月，去品味生活，去解读碛口。

红枣丰收/碛口·李家山

古宅院/碛口·李家山

交通提示

碛口距太原230公里，距离石46公里，距临县县城48公里，距汾柳高速终点军渡31公里。

- **汽车** 太原客运西站乘大巴→临县→碛口；或太原客运西站→碛口。
  北京丽泽桥客运站乘北京到太原的大巴，抵太原长途客运总站，转806路公交车或出租车去西客运站，乘太原到碛口的班车。
- **自驾** 从北京六里桥上京石高速公路，于石家庄转上石旧高速公路，到太原后走晋祠公路、太汾高速或307国道，经过清徐、汾阳到离石，在离石西郊圪瘩上村路口北走去三交、碛口方向的省道（全程46公里），到达碛口。

古街/碛口

薛家大院/运城·新绛·泽掌·光村

光村

运城 · 新绛县 · 泽掌镇

美丽而神奇的古村

有着3000多年历史的中国历史文化名村光村，位于国家历史文化名城山西新绛县城北20公里的泽掌镇。光村保留有汉、唐、宋以及明清的古建筑，其中以明清建筑居多。光村有蔺、薛、赵、王四大姓，每家都有大院，其中蔺家大院、薛家大院、赵家大院尤为显赫。古村还有以建于唐贞观年间（627-649）的全国重点文物保护单位的福胜寺为代表的一批古建文物，兴盛于唐宋的中国四大名砚之绛州澄泥砚更是光村文化的象征。豪宅大院、城垣堞门等全面营造了光村古民居文化氛围。

交通提示

中国历史文化名村光村，位于新绛县城北20公里的泽掌镇。**从太原出发 自驾**／由太原经大运高速侯马出口转108国道，再转232省道即到新绛县，约340公里。**从北京出发** 北京到新绛县公路距离约798公里、铁路距离约912公里。

赵家大院  薛家大院

福胜寺 / 全国重点文物保护单位

福胜寺建于唐贞观年间（627-649），是整个光村保存较为完好的一处古建筑。整个建筑尽显盛唐风采，布局美观合理。大殿南面供奉如来佛祖，罗汉、天王分列左右，神态各异，栩栩如生。大殿北面悬塑童子拜观音，雕塑手法精湛，为绝无仅有的稀世珍品，属国家一级保护文物。三佛洞大院东西两殿供奉着历史名人廉颇和蔺相如。

大院之旅

在历史上,由于晋商的崛起和成功而出现的山西大院古建筑群,成为当今旅游业中的一个靓点。在山西,元明清时期的古民居现存有1300余处,山西大院,其数量、质量或内涵在全国也堪称一绝。无论是相府豪宅、雅士故居还是山野故园,每一处大院,都是一座浓缩的民间历史博物馆;每一处老宅里,都记载着时光变迁的沧桑故事。

山西大院的特点

精美的建筑艺术

大院无论是严谨的整体布局还是精美的局部构件,都体现了实用与艺术的高度统一。其建筑技术,"三雕"(木、砖、石)技艺超凡脱俗,不仅融北方之雄伟与南国之秀美为一体,而且吸收了许多域外风情的建筑特点,成就了山西大院独有的特色。与其说是一组民居建筑群,不如说是一座民间历史建筑的艺术博物馆。

鲜明的大院文化

这些古民居建筑群中,中国传统文化内涵的积淀无处不在。大院的主人,多以商贾、官宦和文人为主。在建筑理念和构件设计上,处处彰显出宅第主人的处世哲学、崇尚教育、志向情趣和自身的文化品位。

王家大院/晋中·灵石·静升镇

传奇的人物故事
每座大院，就是一部浓缩的晋商发展史，都有几代令人回味的奋斗史迹。晋商的形成和发达，离不开社会的适应条件，但更离不开勤恳、诚信的敬业精神。一个个鲜活的故事，再现了虽已远去的历史。在陈砖旧瓦的宅院里，演绎着过去的辉煌和逝去的无奈。

山西大院知多少

李家大院	太原市·迎泽区·开化寺街	蔚家大院	吕梁·汾阳市·东社村
秦家大院	太原·晋源镇·东横街	张家大院	吕梁·方山县·大武镇
朱氏民居	太原·晋源镇·北后街	陈家大院	吕梁·临县·碛口镇·西湾村
吕家大院	大同·大同县·杜庄乡·落阵营村	九连环晋商大院	长治·长子县
马家大院	大同·广灵县·殷家庄村	申家大院	长治·西白兔乡·中村
麻家大院	大同·浑源县	秦家大院	长治·长治县·南宋乡
庞家大院	大同·怀仁县	曹家大院	长治·平顺县·西社
阎锡山故居	忻州·定襄县·河边镇	薛家大院	临汾·曲沃县
侯家大院	忻州·宁武县·西沟村	丁村民居	临汾·襄汾县·丁村
张家大院	阳泉·官沟村郊区	李家大院	临汾·洪洞县·上寨村
石家大院	阳泉·义井镇·小河村	温家大院	临汾·洪洞县·白石村
王家大院	阳泉·义井镇·王家峪村	朱家大院	临汾·霍州市·许村
葛家大院	阳泉·平定县·西关	张家大院	临汾·古县·石壁乡
陆家大院	阳泉·平定县·西关	杜家大院	临汾·乡宁县
窦家大院	阳泉·平定县·东关	谢家大院	晋城·泽州县·山河镇
白家大院	阳泉·平定县·庙沟	徐家大院	晋城·泽州县·东沟村
聂家大院	晋中·榆次区	刘家大院	晋城·泽州县·陟椒村
常家庄园	晋中·榆次区·东阳镇·车辋村	杜家大院	晋城·泽州县·西黄石村
侯家大院	晋中·介休市·张兰镇·北贾村	田家大院	晋城·高平市·盘龙寨
范家大院	晋中·介休市·张原村	赵家老南院	晋城·高平市·侯庄村
张家大院	晋中·介休市·张壁村	杨家大院	晋城·阳城县
冀家大院	晋中·介休市·北辛武村	范氏庄园	晋城·阳城县·洪上村
孔祥熙故居	晋中·太谷县·上观巷1号	皇城相府	晋城·阳城县·北留镇
三多堂	晋中·太谷县·北洸乡·北洸村	潘家大院	晋城·阳城县·安阳村
冀家大院	晋中·平遥县	柳氏民居	晋城·沁水县·西文兴村
毛家大院	晋中·平遥县	柳家大院	晋城·沁水县·铁芦村
雷履泰故居	晋中·平遥县	闫家大院	运城·临猗县
李家大院	晋中·平遥县·东达蒲村	"毒药罐"大院	运城·临猗县·北马村
乔家大院	晋中·祁县·乔家堡村	"大门头"大院	运城·临猗县·王申村
渠家大院	晋中·祁县	王万年大院	运城·临猗县·尉庄村
何家大院	晋中·祁县	蔺家大院	运城·新绛县·泽掌镇·光村
王家大院	晋中·灵石县·静升镇	薛家大院	运城·新绛县·泽掌镇·光村
梁家大院	晋中·灵石县·夏门镇	赵家大院	运城·新绛县·泽掌镇·光村
夏家大院	晋中·寿阳县·宗艾村	王家大院	运城·新绛县·泽掌镇·光村
赵家大院	晋中·和顺县·回黄村	李家大院	运城·万荣县·阎景村
张家大院	吕梁·孝义市·白家庄村	……	

王 家 | 大 | 院

晋中 · 灵石县 · 静升镇

著名建筑学家郑孝燮先生称王家大院是"国宝、人类之宝、无价之宝"。被誉为"华夏民居第一宅"的北方民居奇葩——王家大院，是晋商大院的经典和国内最大的民居古建筑群。面积达25万平方米的王家大院是静升王氏家族历时300余年完成的民间豪华建筑群。共有231幢院落，2078间房屋。风格独特的王家大院建筑依山就势，气势宏伟，层楼叠院，错落有致。特别是砖雕、木雕、石雕，典雅细腻，美观精巧，有着极高的文化内涵和艺术价值。宅主静升王氏一族，更有着许多传奇的故事……

交通提示

山西省王家大院位于山西省晋中市灵石县城东12公里处的静升镇。距平遥古城35公里、介休绵山4公里、十八罗汉头像海外回归故里资寿寺2公里，形成以"名城、名山、名院、名寺"为优势的一条精品旅游线路。同蒲铁路、108国道纵贯县境，大运高速公路灵石出口距王家大院2公里，交通十分便利。

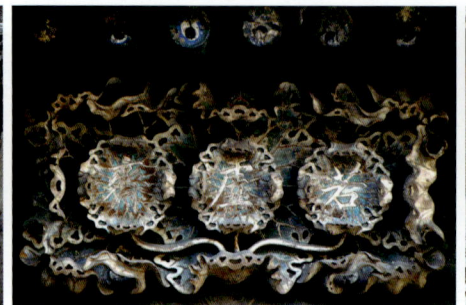

渠家大院

晋中 · 祁县

始建于清乾隆年间(1736–1796)的渠家大院，占地5300平方米，建筑面积3200平方米。为全国罕见的五进式穿堂院，内分8个大院，19个小院，房屋240间。建筑壮观，眺阁玲珑，牌楼相隔，彩绘华丽。木雕、石雕、砖雕题材广泛，寓意祥和。古建专家郑孝燮先生赞叹到，渠家大院的每一个建筑构件都是不可多得的艺术品，是当之无愧的民居瑰宝。

交通提示

渠家大院位于山西省晋中市祁县城内。太原至祁县约70公里。火车、公交、自驾均方便。

自驾 高速公路从祁县出口下，右转直走约2公里到祁县县城东大街即到渠家大院。

乔家大院

晋中·祁县·东观镇·乔家堡村

乔家大院始建于清乾隆二十年（1755），布局成"囍"字状。大院占地8724.8平方米，建筑面积3870平方米。分6个大院，内套20个小院，313间房屋。是一座雄伟壮观的建筑群体，四周为封闭式3丈有余的砖墙。威严气派、富丽堂皇，设计精巧、工艺精细，堪称清代北方民居建筑的经典代表。具有相当高的观赏、科研和历史价值，是一座无与伦比的建筑艺术宝库，被专家赞为"北方民居建筑的一颗明珠"。是《大红灯笼高高挂》、《乔家大院》等数十部影视剧的拍摄地。

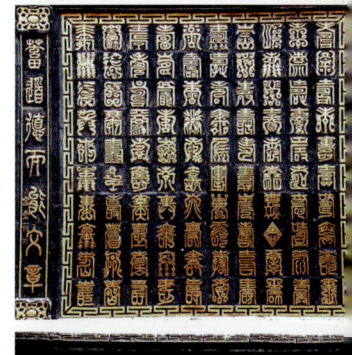

交通提示 乔家大院位于山西省晋中市祁县乔家堡村正中。交通方便，火车、汽车均可到祁县。

从太原出发 汽车 太原建南汽车站乘去平遥、陵川等地的长途车，到祁县东观镇乔家堡村下车。乔家大院出来，马路边就可以等到回太原的车，约1个小时。

自驾 从小店高速口上太长高速，转至108国道到乔家大院。

三 多 堂

晋中 · 太谷县 · 北洸村

已有400多年历史的三多堂（又称"曹家大院"），即多福、多寿、多子之意。遗存有明、清、民国三代的建筑群，其不仅融汇南北方建筑风格，并吸纳了欧洲的古建筑元素。大院风格独特，呈"寿"字形，堪称"中华民宅之奇葩"，为山西省十大著名旅游景点之一，国家级重点文物保护单位。宅院占地10600平方米，东西并排有三个穿堂大院，有房舍270余间。院中有院，院院相连，被誉为"晋商瑰宝"，为晋商大院代表之一。三多堂不仅以其雄伟壮观的建筑而遐迩闻名，而且珍品无数，有400多件明清家具、2000余件瓷器。

交通提示

三多堂位于山西省晋中市太谷县县城西南5公里的北洸村。交通便利，晋中市区距太原机场仅15公里。铁路、公路四通八达，石太、同蒲、太焦铁路在此交会，太旧、大运、108、208高等级公路纵贯全市。

自驾 从祁县出口下高速，右转直走约2公里到太谷县抵达三多堂。三多堂距乔家大院7公里。

以开拓万里茶路,遂成富甲海内之晋商巨贾的常氏家族,代代恪守"学而优则贾"的家训,居富思危,深谋远虑,形成了独树一帜的治家经商之道,终成清代名扬中外之儒商望族。古建筑群历经了清雍正、乾隆、嘉庆、道光、咸丰、同治、光绪年代,现恢复的常家庄园4万余平方米宅第、8万平方米园林,虽只占原规模的1/4,却从中再现了往日庄园的博大豪华风采。不仅整体布局壮观,在木、砖、石雕等建筑饰品上更显其艺术魅力,成为珍贵的中国民居艺术瑰宝。常家庄园作为影视创作基地,面世作品已有《太行山上》《白银帝国》《乔家大院》《走西口》《狼毒花》等十余部。

常家庄园

晋中·榆次区·东阳镇·车辋村

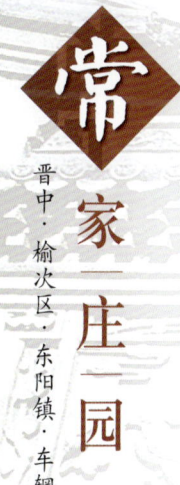

交通提示 常家庄园位于山西省晋中市榆次区车辋村。

从太原出发 公交 在太原火车站乘坐901公交车直达常家庄园。

自驾 点榆次老城转乘12路公交车到终点榆次老城,沿太榆路、沿108国道至榆次东阳镇右转或沿平阳路、太茅路至清徐常家庄左转沿东清路行驶15公里即到。

访 柳氏民居

百世传香

晋城 · 沁水 · 西文兴村

闻 名遐迩的唐代著名思想家、文学家柳宗元，其品、其文，人皆颂之。其后裔如何？据史书载，唐代"天宝末(742-755)遇乱，先夫人卢氏载家书隐居王屋山"，"元和(806-820)祸及祖人"，柳宗元之子随母移居沁水，世代耕读。明永乐四年(1406)，柳氏后裔发家，"以为文人代兴"遂建"文兴村"这块占地约2万平方米的文人府邸。

柳氏民居，久闻其名。在初夏难得的细雨中，沿着沁河流域，来到了沁水县西南25公里处土沃乡的西文兴村，去拜谒那保存完好的明清古宅，触摸这历经数百年的柳氏血脉；去闻听那"耕读传家"的"百世书香"，探索这河东名门之后鲜为人知的千古之谜。

在风景秀美的群山之中，如此完好的明清建筑群，让人感到意外。而作为民居中一种华丽典雅豪门的展示，柳氏民居不能不说是一种骄傲。入村口，高高耸立于街中的两座石牌坊，似沧桑的历史老人带我走入一个返朴归真的世界。进"中宪第"、入"司马第"……那一座座宽敞的院落，高大的门庭，气势宏伟，古朴精美。一种从现实到古代的巨大反差，使人不能不尽快地去调整自我的心态，这里的一切是那么原始、那么自然。建筑风格的完美组合，明、清精华的融处自如，北方院落的大气及南国精巧的工艺，组成了一幅价值连城的立体画卷。令人目不暇接的木、石雕品，都展示着那个时代的文化水准，古训中的至理名言异常巧妙地与建筑艺术相糅合，使人在游民宅院、赏古建筑的同时，也得到了立世为人的启迪。这就是柳氏民居不同于其它豪宅民居的魅力体现，也就是"书香世家"的内涵所在。触摸那光洁如镜的太狮少保报鼓石，注目那变化万千的门楣、窗花图案,虽同样历经风雨磨难,却难得保护完好,愈发使人感到这柳氏后裔珍爱文化的典雅品位。

小小的西文兴村,50余户人家、200余口人,本分地依承祖训,耕读在自己的家园里。大院"乔家"、"王家"展示了晋商、官商的发迹,而这里显示的却是"耕读"、"书香"的辉煌。

静静的村落中没有喧哗,没有浮躁。八旬老人依旧自如地搓着麻线;复式小学的师生们秉承着先祖的遗训,苦读着现代的文明;街头的村妇谈笑风生。一切的一切,都循自然的规律滚动。难得这数百年前的真容依在,难得柳氏先贤的遗风中那底蕴深厚的文化古韵,留给了我们这些现代人好好去品味。

古老的村路上走过一代一代柳家的子民,也迎来了一辈又一辈柳氏后裔的希望。地处这历山自然风景区腹地的西文兴村,也同样骄傲地向世人展示着它的价值。作为山西省重点文物保护单位的柳氏民居,相信会有更多的人来解读这本宝贵的历史文化百科全书,去领略它原本的历史风貌。

交通提示

柳氏民居距沁水县城25公里,距晋城86公里,距太原404公里。

地窨院

特别介绍

运城·平陆县·张店镇

在山西民居中，还有一种形式极为特殊的民居——地窨院，又称为"地坑院"或"下沉式窑院"。这种民居是在黄土地上挖掘出来的人类居住空间，于山西省运城市平陆县一带尤为常见，在"平陆不平沟三千"的特殊自然环境中，结合了当地石头少、黄土多的特点，长久以来形成了本地独特的民居形式——地窨院，是山西民居中独具黄土高原居住民俗传承的具有鲜明特色的一种类型。"上山不见山，入村不见村，平地起炊烟，忽闻鸡犬声"，掩映在林荫之中的地窨院落，相闻而不相见，造价低廉，方便实用，是一种十分适合当地自然环境的居住形式，成为山西村落中另一类别具风情的景观，受到国内外建筑学、人类学、民俗学专家的高度重视。

建筑装饰构件

山西民居建筑中的木雕、砖雕、石雕以及彩釉、瓦当和门环，这些精心构思、巧妙设计、古朴而不失华美，结构、功能、风格凝重而不失灵巧的建筑装饰构件，其间蕴藏了丰富多彩的文化内涵，承载了古老中国的传统习俗，体现了中国传统的道德文化和审美情趣，典型地表现了山西农耕经济的传统信仰与审美理念。

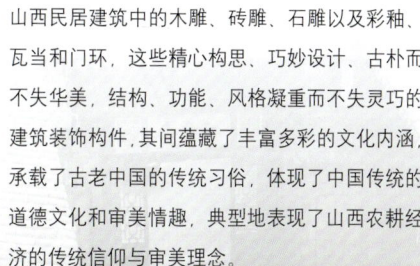

寻根之旅

洪洞大槐树

洪洞县城西北两公里 贾村西侧

洪洞大槐树，是五湖四海众多华人的"老家"。"问我祖先在何处？山西洪洞大槐树"的民谣，六百多年来久久流传，使山西省洪洞县的大槐树成为众多华夏子孙魂萦梦牵的"根"。

位于洪洞县城西北2公里的贾村西侧的大槐树公园内的洪洞大槐树，俗称古大槐树，是明代迁民的重要遗址。史料记载，元末战乱，中原、江南等地人烟稀少，而山西却人丁兴旺，风调雨顺。明洪武到永乐年间，为了发展生产、恢复人口和国力，明朝从明太祖朱元璋洪武三年（1370）到明成祖朱棣永乐十五年（1417）将近50年的时间里，屡迁山西之民于陕西、河北、河南、安徽、江苏等18个省、市，500多个县、市，移民遍布整个中原地区，而当年迁民最集中的地区就是洪洞县。

一代代的移民，其后裔又逐步成为海外移民，主要分布在亚洲、非洲、欧洲、美洲、大洋洲的100多个国家。洪洞县成为亿万大槐树后裔永远牵挂于心的老家，成为大槐树后裔寻根祭祖的圣地。

追寻祖先踪迹

山西是华夏民族发祥地之一,历史上尧、舜、禹几位圣人都在山西,尤其是晋南一带生活过,河东大地留有他们的遗迹和广为传说的故事。根,不但有百姓之根,也是民族之根。除"洪洞大槐树"作为中华民族众多姓氏发源地之外,还有尧庙、尧陵、大禹渡、禹王坪、舜陵、关帝庙、广胜寺等与之有关的古建筑遗迹。游走山西,追寻祖先踪迹,了解根系之源,是每一位华人的必行之地。

1 **尧庙** / 临汾·尧都区　位于临汾市秦蜀路南端的尧庙,俗称三圣庙,始建于西晋,距今有1700多年历史,历代均为国家级专门纪念尧、舜、禹三位先祖的庙宇。

2.3 **大槐树·寻根祭祖** / 临汾·洪洞
　　古槐寻根祭祖园中的主建筑寻根祭祖堂,是海内外华夏子孙寻根祭祖的必到之处,在这里祭拜先祖、寻觅姓氏之源。

了解根系之源

7 **苏三监狱**/临汾·洪洞　与洪洞大槐树同处一城的苏三监狱,是我国现存唯一一座明代监狱,始建于明洪武二年（1369）,寻根之余,了解600余年前的监狱形制,不失为一种对古代历史的了解。

附近景点

4 **尧陵**/临汾·尧都　位于临汾东北35公里处的郭村西,初建于唐。陵祠位于丘陵之上,前有涝河环绕,松柏苍翠,风景宜人,实为一处风水宝地。历代帝王都曾对尧陵修缮,此为拜谒先祖之圣地。

5 **关王故里**/运城·解州　距运城市盐湖区18公里的常平村,是武圣关羽的故乡。关羽家庙,始建于隋初,已有1400多年历史,庙内存有关帝殿、圣祖殿、古塔等众多古迹。古柏参天,石碑林立,是奉祀武圣关羽的圣地。

6 **广胜寺**/临汾·洪洞　位于洪洞县城东北17公里处的霍山,始建于东汉建和元年（147）,有著名的琉璃宝塔,为全国重点文物保护单位。每年农历三月十八广胜寺古庙会,盛况空前,吸引着四方游客。

民俗 之旅

空中芭蕾——背棍/太原·清徐

山西有挖掘不完的物质财富，更有享受不尽的精神食粮。厚重的黄土地，孕育了累累的硕果。游走山西，耳闻目睹，处处亮点。由于地理地域特点的不同所形成的丰富的民俗内涵也精彩纷呈而不尽相同……

山西省首批 /示范 地名/ 民族传统节日保护

春节（元宵节） 太原·清徐县
晋中·祁县、平遥县、太谷县

清明节（寒食节） 晋中·介休市
七夕节 晋中·和顺县
中秋节 晋城·泽州县
重阳节 晋城·阳城县
羊獬"三月三"走亲 临汾·洪洞县

尉村三月十六鼓车节 临汾·襄汾县
广胜寺三月十八庙会 临汾·洪洞县
洪洞大槐树寻根祭祖节 临汾·洪洞县
中和节 临汾·乡宁县
河曲灯会 忻州·河曲县

山西省 国家级非物质文化遗产名录

民间文学

杨家将传说
（穆桂英传说、杨家将说唱） 山西省
董永传说　运城·万荣县
赵氏孤儿传说　阳泉·盂县
万荣笑话　运城·万荣县
牛郎织女传说　晋中·和顺县
尧的传说　运城·绛县
舜的传说　晋城·沁水县
白马拖缰传说　晋城市·城区
烂柯山的传说　晋城·陵川县

天塔狮舞/临汾·襄汾

八音会/晋城·高平

皮影/吕梁·孝义　　　　　　　　　　　　左权开花调/晋中·左权县

民间音乐

太原锣鼓　太原市
左权开花调　晋中·左权县
河曲民歌　忻州·河曲县
五台山佛乐　忻州·五台县
绛州鼓乐　运城·新绛县
上党八音会　晋城市　长治县　长子县
文水鈲子　吕梁·文水县
恒山道乐　大同·阳高县
唢呐艺术（晋北鼓吹、上党八音会、上党乐户班社）
　　　　阳高县　忻州市　长子县　壶关县
晋南威风锣鼓　临汾市
原平云胜锣鼓　忻州·原平市
佛乐（楞严寺寺庙音乐）　大同·左云县

民间舞蹈

傩舞寿阳爱社　晋中·寿阳县
平定武迓鼓　阳泉·平定县
原平凤秧歌　忻州·原平市
临县伞头秧歌　吕梁·临县
汾阳地秧歌　吕梁·汾阳市
狮舞（天塔狮舞）　临汾·襄汾县
翼城花鼓　临汾·翼城县
走兽高跷　运城·稷山县
麒麟舞（麒麟采八宝）　临汾·侯马市
鼓舞（万荣花鼓、土沃老花鼓、稷山高台花鼓）
　　　　万荣县　沁水县　稷山县

晋剧/山西

山西省 国家级非物质文化遗产名录

戏 剧

晋剧　山西省文化厅　太原市
蒲州梆子　临汾市　运城市
北路梆子　忻州市　大同市
二人台　忻州·河曲县
上党梆子　晋城市　长治市
雁北耍孩儿　大同市
灵丘罗罗腔　大同·灵丘县
赛戏　朔州市
秧歌戏　朔州·朔城区　忻州·繁峙县
　　　　长治·襄垣县　长治·武乡县
　　　　长治·壶关县
道情戏　朔州·右玉县　吕梁·临县
　　　　忻州·神池县　临汾·洪洞县
皮影戏（孝义皮影戏、侯马皮影戏）
　　　　吕梁·孝义市　临汾·侯马市
碗碗腔　吕梁·孝义市　临汾·曲沃县
祁太秧歌　晋中市
　　　　晋中·太谷县　晋中·祁县
孝义木偶戏　吕梁·孝义市
上党二簧　晋城·城区
上党落子　长治·潞城市　长治·黎城县
眉户　临汾市　运城市
锣鼓杂戏　运城·临猗县
泽州秧歌　晋城·泽州县
傩戏（任庄扇鼓傩戏）　临汾·曲沃县

广灵剪纸／大同·广灵

黎侯虎／长治·黎城

沁州书会/长治·沁县

曲 艺

太原莲花落　　太原市
襄垣鼓书　　长治·襄垣县
沁州三弦书　　长治·沁县
潞安大鼓　　长治市
翼城琴书　　临汾·翼城县
长子鼓书　　长治·长子县
曲沃琴书　　临汾·曲沃县
泽州四弦书　　晋城·泽州县

绛州澄泥砚/运城·新绛

杂技与竞技

风火流星　　太原市
挠羊赛　　忻州市
形意拳　　晋中·太谷县
心意拳　　晋中市　晋中·祁县
通背缠拳　　临汾·洪洞县

民间美术

中阳剪纸　　吕梁·中阳县
平阳木版画　　临汾市
山西面塑艺术
　　定襄面塑　　忻州·定襄县
　　闻喜花馍　　运城·闻喜县
　　新绛面塑　　运城·新绛县
　　焙面面塑　　晋城·阳城县
山西民居砖雕艺术　　太原·清徐县
黎侯虎（布艺老虎）　　长治·黎城县
广灵染色剪纸　　大同·广灵县
襄垣炕围画　　长治·襄垣县
高平刺绣　　晋城·高平市
堆锦（上党堆锦）　　长治市堆锦研究所
　　　　　　　　　　长治市群艺馆
平遥纱阁戏人　　晋中·平遥县
清徐彩门楼　　太原·清徐县

纱阁戏人/晋中·平遥

山西省 国家级非物质文化遗产名录

民间手工技艺

清徐老陈醋酿制技艺　太原·清徐县
老陈醋酿制技艺（美和居老陈醋酿制技艺）　太原市
郭杜林晋式月饼制作技艺　太原市
六味斋酱肉传统生产技艺　太原市·六味斋
传统琉璃烧制技艺
　　　　山西省非物质文化遗产保护中心
龙须拉面和刀削面制作技艺　山西全晋会馆
抿尖面和猫耳朵制作技艺　山西晋韵楼
阳城生铁冶铸技艺　晋城·阳城县
平遥推光漆器髹饰技艺　晋中·平遥县
冠云牌平遥牛肉传统制作技艺　晋中·冠云平遥牛肉集团
杏花村汾酒酿制技艺　吕梁·汾阳市
交城滩羊皮鞣制工艺　吕梁·交城县
长子响铜乐器制作技艺　长治·长子县
绛州漆器云雕（剔犀）技艺　运城·新绛县
地窨院建筑技艺　运城·平陆县
新绛县澄泥砚传统制作工艺　运城·新绛县
稷山传统面点制作工艺　运城·稷山县
梨花春白酒传统酿造工艺　朔州市
雁门民居营造技艺　忻州市
晋作家具制作技艺　临汾市

九曲黄河阵/忻州·河曲

威风锣鼓/临汾·洪洞

传统医药

龟龄集酒药传统制作工艺　　晋中·太谷县
中医养生（药膳八珍汤）　　太原市
道虎壁王氏中医妇科　　晋中·平遥县
定坤丹制作技艺　　晋中·太谷县
武氏正骨疗法　　晋城·高平市

民俗

晋祠庙会　　太原·晋源区
潞城民间社火　　长治·潞城县
春节（怀仁旺火习俗）　　朔州·怀仁县
中和节（永济背冰、云丘山中和节）　　永济市　乡宁县
清明节（介休寒食清明习俗）　　晋中·介休市
中秋节（泽州中秋习俗）　　晋城·泽州县
重阳节（皇城村重阳习俗）　　晋城·阳城县
尉村跑鼓车　　临汾·襄汾县
独辕四景车赛会　　长治·平顺县
背铁棍（抬阁、挠阁）　　太原·清徐县　晋中·祁县
　　　　　　　　　　　　运城·万荣县　忻州·代县
河曲河灯会　　忻州·河曲县
柳林盘子会　　吕梁·柳林县
洪洞大槐树祭祖习俗　　临汾·洪洞县

走亲习俗　　临汾·洪洞县
关公信俗　　运城市
汉族传统婚俗（孝义贾家庄传统婚俗）　　吕梁·孝义市
沁水柳氏清明祭祖习俗　　晋城·沁水县

木偶世家/吕梁·孝义

正月里的山西

在飘然而至的雪花中，新桃换旧符，报春的喜讯，走进了千家万户。看五彩礼花，听鞭炮声声，以民俗著称的山西大地，过大年、闹红火，从初一到十五，从晋北（山西北部）到晋南（山西南部），从新城到古宅，拜年走亲戚，观灯看民俗。送走了一年的劳累，迎来新春的万家灯火，家家户户沉浸在喜悦之中。

正月里的山西，是民俗荟萃的节日，在众多的社火活动中，而以元宵节为著。十五还不到，各地就已经张灯结彩，鼓乐升腾。秧歌、花鼓、踩高跷、猜谜、舞龙、走旱船。在喜庆的对联和大红灯笼下，在处处佳肴的飘香中，在欢快的民俗佳节里，人们憧憬着新的生活。从西汉时代始就盛行的十五挂灯，一直延续到唐、宋、明、清而至今。在万民张灯的正月十五，充满祈福、和睦和吉祥。在民间习俗代代延传中，当你偕老携幼，漫步在上下五千年流光溢彩的走马灯间时，猜谜、赏灯，一种来自远古文化和现代结合的感觉，会让你流连忘返。

山西这块厚土，无论你走到哪里，都会强烈地感到这种民俗的魅力。古老的三晋大地上，有着约200多种丰富多彩的民间社火，而灯节是最大的节日。在正月十五闹花灯中，最有阵势的要数晋北朔州市平鲁区西南一带的"九曲黄河灯阵"。古诗云："九宫八卦黄河灯，火树银花通夜明。织女轻弹流水曲，雅章歌舞乐升平。" 365根灯杆，有序地排成19行，形成一个大方阵。夜幕降临时，高灯齐亮，

似繁星点点。伴随着噼里啪啦的爆竹声，焰火升腾，鼓乐齐鸣。游人手提自制彩灯和表演队伍鱼贯而入，气势非凡，好不热闹。

沿黄河一带的乡村，在解冻的河道中，有放河灯的习俗。古镇老宅、黄土窑院，处处红灯高悬，虽是寒冬腊月，却也暖气融融，一片喜气洋洋的景象。最富有浓郁色彩的要数山西晋中地区一带。在太谷、榆次、祁县等地，"十五"期间乡民闹红火，更是琳琅满目、五彩缤纷。在县城的主要街道上，神棚、彩楼矗立，户户张灯结彩，成双成对。著名的"太谷灯"，吉兆高照。每到夜幕时分，人们围就在用木头、炭块垒筑的旺火旁，烈焰腾腾，祝福着来年的祥和如意、五谷丰登。每当初十左右，大街小巷里，锣鼓喧天，高跷、秧歌、花鼓，以及被称作"空中舞蹈"的"铁棍"、"背棍"和旱船等民间社火，点缀着正月灯节的色彩和生活的乐趣，正是"正月天天都是节"啊！

用过了大年的聚会大餐，逃脱都市繁杂的现代困扰，拿起相机，在正月里游走在三晋大地的黄土高原上，走进山西的古村老镇，去领略一下这里的自然风光，感悟纯朴的乡间民情，在浓浓的旺火和爆竹声中，从千盏万盏流光溢彩的挂灯里，去寻找回那早已淡薄的一种情感和冲动吧。

本版图片内容包括：晋中社火节中的秧歌、迎春、龙灯、背棍、锣鼓、彩车等表演。拍摄于：晋中、和顺、寿阳、昔阳、左权等县。

博物院之旅

博物馆和纪念馆,是一个国家、民族以及地区历史变迁、精神体现和文化结晶的见证、记载和展示,是宝贵的文化财富,更是一种骄傲。山西历史悠久,中华民族五千年的辉煌在山西这块土地上留下了深深的印记。近乎200余家的国家级、地区级和民间办的各类博物院、博物馆和纪念馆,其建筑设计,或现代时尚,或古典优雅,其内容几乎囊括了人类历史和山西地域文化的一切物质和精神财富。走进去,犹如穿越时空隧道,重温那一段段岁月;又如一个个渊博的知识大课堂,使人受到启迪与熏陶。这众多的神圣殿堂,已越来越成为百姓和旅游观光者乐于光顾的地方。

山西 博物院

走进太原汾河西畔的山西博物院，你会有一个惊人的发现。在这座占地168亩、建筑面积5.1万平方米、国内屈指可数的、具有非常现代化元素的综合建筑内，荟萃了山西省的文物精华，有珍贵藏品约40万件。其文化内涵涵盖了从新石器时代到明清的内容，展示了山西历史文化长河中的诸多亮点。同时，博物院内还珍藏着各类图书、古籍善本27万余册。山西博物院，不愧是体现山西文化的骄傲、艺术展示的殿堂，也是民众学习的课堂和闲暇时的好去处。行走山西之余，漫步其间，其乐融融。

↑ 山西博物院外景和部分藏品／太原

山西省 博物院｜博物馆｜纪念馆

太原
山西博物院　太原市·滨河西路北段
山西省民俗博物馆　太原·文庙巷
山西省艺术博物馆　太原市·起凤街
太原晋商博物馆　太原市·迎泽公园
中国煤炭博物馆　太原市·迎泽桥西
山西省科学技术馆　太原市·迎泽西大街
山西省地质博物馆　太原市·万柏林区
山西省地质矿产陈列馆　太原市·并州北路
山西国民师范旧址革命活动纪念馆　太原市·五一路
孙中山纪念馆　太原市·海子边街
太原解放纪念馆　太原市·杏花岭区·东山·凯旋街
中共太原支部历史纪念馆　太原市·海子边街
赵树理故居纪念馆　太原市·南华门
碑林公园（书法碑刻）　太原市·汾河东岸
太原晋祠博物馆　太原市·晋祠镇
美和居老陈醋酿制技艺博物馆　太原市·东湖醋园
中国醋文化博物馆　清徐县·东湖
山西省水塔老陈醋酿制技艺博物馆　清徐县
罗贯中纪念馆　清徐县·三国城
高君宇故居纪念馆　娄烦县·岭底村

大同
山西大同市博物馆　大同市·红旗广场
山西大同梁思成先生纪念馆　大同市·东城墙公园
大同煤矿万人坑遗址纪念馆　大同市·矿区·峪口矿
天镇县博物馆　天镇县
平型关大捷纪念馆　灵丘县·白崖台乡
广灵剪纸艺术博物馆　广灵县·南蕉山
左云县科技馆　左云县·城关镇

朔州
朔州市朔城区博物馆　朔州市·东大街
朔州塞北革命纪念馆　朔州市·鄯阳街
右玉县博物馆　右玉县·杀虎口

忻州
忻州地区博物馆　忻州市·长征西路
原平县博物馆　忻州市·原平县·永康南路
五台县博物馆　五台县·西门旁
白求恩纪念馆　五台县·松岩口
徐向前故居纪念馆　五台县·东冶镇·永安村
晋察冀军区司令部旧址纪念馆　五台县·金岗库村
山西定襄县河边民俗博物馆　定襄县·河边村
定襄县西河头地道战纪念馆　定襄县·西河头村
河边民俗馆　定襄县
代县博物馆　代县·南街文庙
山西省雕镌技艺博物馆　代县
偏关县博物馆　偏关县·中大街古楼
河曲县博物馆　河曲县·关帝庙
繁峙县博物馆　繁峙县·城关镇·二道街
岢岚县博物馆　岢岚县·小东街

阳泉
阳泉市革命烈士纪念馆　阳泉市·狮脑山路中段
百团大战纪念馆　阳泉市·狮脑山
平定县科技馆　平定县·城东

晋中
中国民间文化艺术博物馆　晋中市·榆次区·东大街
毛泽东纪念品展馆　晋中市·榆次区·工业园区
晋中民间文化艺术博物馆　晋中市·榆次区
农耕民俗博物馆　晋中市·榆次区·后沟村
介休市博物馆　介休市·庙底街
平遥县博物馆　平遥县·东大街·清虚观
华北第一镖局博物馆　平遥县·东大街
平遥商会博物馆　平遥县·东大街
蔚泰厚票号博物馆　平遥县·西大街
平遥汇武林传统武术陈列馆　平遥县·西大街
平遥中国票号博物馆　平遥县·西大街
平遥协同庆钱庄博物馆　平遥县·南大街
平遥同兴公镖局博物馆　平遥县·南大街

山西民俗博物馆

山西省民俗博物馆成立于2003年10月，位于太原市文庙内。建于清光绪八年（1882）的文庙，占地3万余平方米。有照壁、六角亭、棂星门、大成门、大成殿、东西两庑和崇圣祠，前后三进院。

博物馆展区面积约1.8万平方米。全年展览频繁，常年举办各种历史文物、书画精品、图片实物、专题门类等大型展览活动，成为省城市民参观、学习、增长知识的好去处。

山西省 博物院 | 博物馆 | 纪念馆

百川通晋商家私博物馆　平遥县·南大街
平遥蔚盛长博物馆　平遥县·南大街
平遥明清街镖局博物馆　平遥县·明清街
平遥天吉祥博物馆　平遥县·明清街
平遥漆器艺术博物馆　平遥县·明清街
中国商会博物馆　平遥县·明清街
平遥古城藏报博物馆　平遥县·明清街·鸡市口
平遥县衙博物馆　平遥县·衙门街
平遥文庙儒学博物院　平遥县·城隍庙街
雷履泰故居陈列馆　平遥县·书院街
中国科举博物馆　平遥县·超山书院
平遥漆艺文化博物馆　平遥县·二针厂
中国钱庄博物馆　平遥县·东南
双林寺彩塑艺术馆　平遥县·达蒲乡·桥头村
山西省祁县晋商文化博物馆　祁县·东大街
祁县雨楼家私博物馆　祁县·东大街
祁县珠算博物馆　祁县·东大街
祁县度量衡博物馆　祁县·东大街
中国玻璃艺术博物馆　祁县
晋商茶庄博物馆　祁县·段家巷北口
山西省祁县乔家大院民俗博物馆　祁县·乔家堡村
祁县晋中战役纪念馆　祁县·东观镇·涧村
太谷孟家民俗博物馆　太谷县·北关喜旺巷
太谷孔祥熙宅园货币金融博物馆　太谷县·上观巷
山西省中医药传统制作技艺博物馆　太谷县
山西太谷县三多堂博物馆　太谷县·北洸乡
尹灵芝烈士纪念馆　寿阳县·朝阳街·东堆台沟
祁寯藻纪念馆　寿阳县·平舒村
麻田八路军总部纪念馆　左权县·麻田镇·上麻田村
苗世明藏报博物馆　左权县·正北路·向阳巷
左权曙光钱币博物馆　左权县·城南街·水门口
山西榆社化石博物馆　榆社县·迎春南路
山西灵石王家大院民居艺术馆　灵石县·静升镇
王氏博物馆　灵石县·静升镇·红门堡
大寨展览馆　昔阳县·大寨乡
山西和顺八路军秦赖支队纪念馆　和顺县

吕梁

山西吕梁汉画像石博物馆　吕梁市·离石区
孝义市博物馆　孝义市·永安路西侧
孝义皮影木偶艺术博物馆　孝义市·永安路
孝义民俗文化展览馆　孝义市·贾家庄
汾阳县博物馆　汾阳市·鼓楼东街
汾酒博物馆　汾阳市·杏花村镇
文水县博物馆　文水县·城内西街
武则天纪念馆　文水县·南徐村·则天庙
刘胡兰纪念馆　文水县·刘胡兰村
晋绥边区革命纪念馆　兴县·蔡家崖
"四·八"烈士纪念馆　兴县·东会乡·庄上村
方山县博物馆　方山县
岚县博物馆　岚县·文化馆
红军东征纪念馆　石楼县
红军东征纪念馆　柳林县·三交镇

长治

山西长治市博物馆　长治市·大北街庙道巷
毛主席纪念馆　长治市·潞宝集团
八路军太行纪念馆　长治市
长治市郊区文物博物馆　长治市·郊区文化馆
山西省农耕技艺博物馆　长治市·郊区
上党堆锦博物馆　长治市
潞城北村八路军总部纪念馆　潞城市·北村
长治县文物博物馆　长治县·文化馆
南下干部纪念馆　长治县·黎都公园
沁县文物馆　沁县·红旗街二巷
沁县南涅水石刻馆　沁县·城南二郎山
山西牺盟会决死队纪念馆　沁县
武乡八路军太行纪念馆　武乡·太行街
八路军总部旧址王家峪纪念馆　武乡县·王家峪村
八路军总部旧址砖壁纪念馆　武乡县·砖壁村
平顺县文物博物馆　平顺县·府前街
西沟展览馆　平顺县·西沟乡
长子县博物馆　长子县·东大街

山西艺术博物馆

位于太原市五一广场起凤街纯阳宫内的山西省艺术博物馆，成立于2003年。纯阳宫，创建年代不详，又名吕祖庙，原为供奉吕洞宾的庙宇。山西省艺术博物馆占地面积约1万平方米，主要建筑有木质牌坊、硬山顶式圆宫门、吕祖殿、回廊亭、潜真洞、玉皇阁等。楼阁式建筑，布局紧凑，高低错落，曲折回旋，既是道教宫观，又有古典园林建筑特色。

艺术馆收藏文物以历代佛教造像为重点，有从汉到清的石刻造像的『石刻艺术展』；『道教文物展』展出道教雕塑及青铜器珍品⋯还有陶瓷艺术展等。

山西省 博物院｜博物馆｜纪念馆

襄垣县文物博物馆　襄垣县·上寺北路
壶关县文物博物馆　壶关县·新建路
屯留县文物博物馆　屯留县·麟绛西大街
黎城县文博馆　黎城县·城内河下街
沁源县文物馆　沁源县·胜利街

临汾

山西临汾市博物馆　临汾市·尧都区·鼓楼西街
山西省戏曲博物馆　临汾市·山西师范大学
临汾213奇石博物馆　临汾市·尧都区
平阳木版年画博物馆　临汾市·贡家胡同
临汾市博物馆　临汾市·海子边
霍州署博物馆　霍州市·东大街
侯马市博物馆　侯马市·市府路
侯马晋国古都博物馆　侯马市·市府西路
浮山县博物馆　浮山县·神山路

山西浮山剪纸博物馆　浮山县
曲沃县博物馆　曲沃县·城关镇·西大街
曲沃天马遗址博物馆（筹建）　曲沃县·曲村
晋国博物馆　曲沃县·曲沃镇·北赵村
山西襄汾丁村民俗博物馆　襄汾县·丁村
临汾市丁村民俗博物馆　襄汾县·新城镇·西村
襄汾县博物馆　襄汾县·南大街
隰县博物馆　隰县·小西天
山西省晋西革命纪念馆　隰县·南郊
安泽县博物馆　安泽县·府东街
汾西县博物馆　汾西县
红军东征永和纪念馆　永和县·阁底·东征
洪洞县博物馆　洪洞县·城关镇
蒲县博物馆　蒲县·柏山东岳庙
翼城县博物馆　翼城县·关帝庙

榆社化石博物馆／晋中·榆社

山西省农耕技艺博物馆／长治·郊区

天马遗址／临汾·曲沃·曲村

晋城

晋城博物馆	晋城市·凤台东街
晋城市古建艺术博物馆	晋城市·文化局
高平县博物馆	高平市·城关镇南大街
中华字典博物馆	阳城县·北留镇·皇城村
阳城县文物博物馆	阳城县·南城上
孙文龙纪念馆	阳城县·河北镇·孤堆底村
山西省阳城生铁冶铸技艺博物馆	阳城县
陵川县博物馆	陵川县·城关镇·古陵路
沁水县文史博物馆	沁水县·西街玉帝庙

运城

运城市博物馆　运城市·红旗西路
盐湖区博物馆　运城市·盐湖区·舜帝陵景区
河东盐业博物馆　运城市·解放南路
河东博物馆　运城市·红旗东街
运城市新民博物馆　运城市·圣惠南路
永济百佛阁博物馆　永济市

永济市蒲津渡遗址博物馆　永济市·蒲州镇·西厢村
万荣县博物馆　万荣县·城关镇·西街
运城市民俗博物馆　万荣县·闫景村·李家大院
万荣笑话博物馆　万荣县
稷山县博物馆　稷山县·城关镇·马村
山西省金墓博物馆　稷山县·金龙大道
新绛县博物馆　新绛县·北大街塔寺
中国澄泥砚博物馆　新绛县
垣曲县自然博物馆　垣曲县·新城大街
垣曲县革命老区纪念馆　垣曲县·历山镇·望仙村
河津县博物馆　河津县·新耿街
永济县博物馆　永济县·城关镇·南开街
平陆县博物馆　平陆县·圣人涧村
绛县博物馆　绛县·城关镇文庙
闻喜县博物馆　闻喜县·文庙
临猗县博物馆　临猗县·北大街
夏县博物馆　夏县·文化馆

　　坐落在太原市迎泽公园优美环境中的太原晋商博物馆，占地面积7850平方米，总建筑面积4988平方米。该博物馆集中了全国知名晋商会馆的建筑精髓，将跨越时空的经典建筑群立体地展现于世。精美的、具有山西特色的砖雕、石雕、木雕和楹联等工艺，更为整体建筑群锦上添花。

　　太原晋商博物馆不但体现了传统的晋商文化思想，也是中国传统民居建筑的艺术宝库。这一专题博物馆，较全面地反映了晋商500年来发展的诸多层面的立体画面，由"晋商溯源、晋商历史、晋商金融、晋商精神、晋商文化"五个历史文化专题构成，展现晋商崛起、称雄，从发明票号到名扬域外的历史进程。太原晋商博物馆被清华大学的专家评价为全国展示晋商文化规模最大、手段最丰富、内容最完整的一个。

太原 晋商 博物馆

毛主席纪念馆

山西省长治市潞宝集团建造的毛主席纪念馆，是目前全国最大的毛主席纪念馆。纪念馆总面积约7000平方米。其中有高3.5米、重32.64吨的汉白玉毛主席坐像，主背景为宽7.5米、高6米的巨幅油画《开国大典》。馆内目前展出的毛主席精品纪念物总计约30万件。馆内收藏丰富，布局肃穆、高雅，设计格调既庄严、大方，又具有鲜明的现代设计风格，不愧是一处瞻仰一代伟人和进行红色教育的好课堂。

1　毛主席坐像/长治　　2　山西省晋商文化博物馆/晋中·祁县
3　珠算博物馆/晋中·祁县　　4　镖局博物馆/晋中·祁县

5　白求恩纪念馆/忻州·五台县·松岩口　　6　乔家大院民俗博物馆/晋中·祁县·乔家堡
7　中国剪纸艺术博物馆/大同·广灵县·南蕉山　　8　平遥漆器博物馆/晋中·平遥县
9　武则天纪念馆/吕梁·文水县　　10　中国民间文化艺术博物馆/晋中·榆次区
11　榆社化石博物馆/晋中·榆社县　　12　双林寺彩塑艺术馆/晋中·平遥县

宗教之旅

山西是个文化层次相当丰富的地区，无论是佛教还是道教，在山西都有其悠久的历史渊源。宗教的活动仪式丰富多彩，对于旅游者或艺术家来说，不失为一个了解宗教文化和内涵的好方法。除此之外，宗教的发展也为社会留下了不计其数的文化遗产，诸如寺院、道观、塔庙、石刻、壁画、石窟、雕塑、经书和器具等等，成为人类不

宗教之旅 佛教

壁画·朔州·崇福寺

玄中寺／吕梁·交城

彩塑·朔州·崇福寺

可或缺的精神财富。在《世界遗产名录》中，宗教名胜占了90%。宗教之旅，一则是信仰者的朝拜，再则是多数人的游览和探索，一种对于宗教文化的尊重。走进大山深处的寺院与道观，去体验一种人与自然的和谐。例如登临五台山、恒山和北武当山，去感受一种远古的文化，一种静谧、祥和、超逸、静洁，从而达到一种境界。同时，宗教旅游也会结合一些其他门类的旅游，如民俗、风光旅游等。

（著名佛教圣地五台山、云冈石窟在《世界文化遗产》一节已作介绍，此节略）

1 小西天（千佛庵）/临汾·隰县　2 双林寺/晋中·平遥　3 崇善寺/太原　4 护宁寺/忻州·偏关·寺沟　5 石鼓寺/忻州·原平

佛教神韵 智慧境界

历史上佛教文化在山西曾有过非常兴盛的阶段，也曾出现过诸如法显、慧远、昙鸾等几位在佛教界有重大影响的高僧。

寺院是佛教文化的载体。作为全国佛教遗产最为丰富地区之一的山西，被誉为中国佛教建筑博物馆。遍布全省各地堪称国之瑰宝的一座座寺庙古建群落、三雕（砖、木、石）精品、绝世壁画等，形成了一道奇特而亮丽的风景线。诸如佛教四大名山之首的五台山、中日净土宗之源的玄中寺，可与敦煌媲美的云冈石窟，历时四百余年开凿的天龙山石窟，拥有稀世之宝金版藏经《赵城金藏》的广胜寺，建于北魏的恒山悬空寺，现存唐代木结构建筑的五台南禅寺，辽代所建现存最高的木塔应县佛宫寺塔，更有世界文化遗产的双林寺、镇国寺等，令人目不暇接。

走进山西，尽可领略佛教独特的文化神韵与感悟人生智慧境界，其博大、精深、魅力无穷……

山西
重点寺庙

太原

太原·晋祠［北魏］　太原·双塔寺［明］
太原·太山寺［唐］　太原·崇善寺［明］
太原·多福寺［唐］　太原·南十方院［明］
太原·大佛寺［北齐］　太原·静因寺［北齐］
太原·开化寺连理塔［北齐］
古交·东亭寺［汉］　古交·千佛寺［元］
娄烦·三教寺［北朝］　阳曲·三藏寺［不详］
阳曲·开化寺［明］　阳曲·不二寺［金］

忻州

五台·镇海寺［清］　五台·广济寺［元］
五台·塔院寺白塔［明］等　繁峙·岩山寺［金］
繁峙·公主寺［唐］　原平·寿宁寺［唐］
原平·土圣寺［唐］　原平·林泉寺［宋］
宁武·慧济寺［唐］　定襄·白佛堂［明］
河曲·海潮庵［明］　定襄·洪福寺［不详］
忻州·金洞寺［宋］　宁武·台骀庙［金］

阳泉

阳泉·药林寺［不详］　盂县·大王庙［金代］
阳泉·关王庙［北宋］
阳泉·天宁寺双塔［北宋］　平定·开河寺［北魏］

朔州

朔州·崇福寺［辽金］　应县·佛宫寺释迦塔［辽］
应县·净土寺［金］　应县·大安寺［北宋］
应县·永镇寺［清］　应县·文殊寺［明］
山阴·瑞云寺［金］　右玉·宝宁寺［明］

大同

浑源·悬空寺［北魏］
大同·上下华严寺［辽金］
天镇·慈云寺［明］　灵丘·觉山寺［北魏］
灵丘·曲回寺［唐］　大同·善化寺［辽金］
阳高·云林寺［明］　大同·观音堂［辽］
大同·清真大寺［唐］

6 仙堂寺/长治·襄垣　7 青莲寺/晋城·泽州

晋中

平遥·文庙［唐］	平遥·双林寺［北宋］
平遥·镇国寺［五代］	平遥·城隍庙［明］
榆次·城隍庙［元］	介休·后土庙［明］
介休·回銮寺［唐］	灵石·介子推庙［不详］
灵石·资寿寺［唐］	昔阳·白马寺［北魏］
太谷·天宁寺［明］	太谷·广化寺［唐］
太谷·无边寺［西晋］	榆社·禅山寺［唐］
榆社·福祥寺［晚唐］	

吕梁

交城·玄中寺［北魏］	交城·天宁寺［唐］
交城·永福寺［隋］	交城·则天庙［唐］
文水·则天庙［金］	柳林·香岩寺［唐］
柳林·南山寺［唐］	岚县·白龙庙［不详］
离石·安国寺［唐］	柳林·香岩寺［唐］
汾阳·田村圣母庙［不详］	

长治

潞城·原起寺［唐］	长子县·法兴寺［后魏］
长子县·崇庆寺［宋］	长子县·崇庆寺［北宋］
长治县·法云寺［唐］	长治县·正觉寺［唐］
长治县·丈八寺塔［唐］	黎城·城隍庙［宋］
襄垣·仙堂寺［不详］	平顺·金灯寺［明］
平顺·九天圣母庙［隋］	平顺·大云院［五代］
平顺·龙门寺［北齐］	

临 汾

临汾·尧庙 [清]　　临汾·姑射仙洞寺 [唐]
隰县·小西天 [明]　　吉县·坤柔圣母庙 [宋]
临汾·大云寺 [唐]　　洪洞·水神庙 [唐]
襄汾·普净寺 [不详]　蒲县·东岳庙 [元]

晋 城

陵川·崔君府庙 [唐]　陵川·龙岩寺 [唐]
陵川·崇安寺 [不详]　陵川·南北吉祥寺 [唐]
高平·定林寺 [元]　　高平·金峰寺 [北魏]
高平·开化寺 [宋]　　高平·崇明寺 [北宋]
高平·仙翁庙 [元]　　高平·铁佛寺 [金]
晋城·岱庙 [北宋]　　泽州·青莲寺 [北齐]
泽州·玉皇 [北宋]　　沁水·汤王庙 [宋]
阳城·海会寺 [唐]　　晋城·游仙寺 [北宋]
晋城·崇寿寺 [北魏]　晋城·二仙庙 [北宋]

运 城

永济·普救寺 [唐]　　永济·万固寺 [元]
运城·池神庙 [唐]　　万荣·东岳庙 [不详]
常平·关帝庙 [明]　　解州·关帝庙 [隋]
新绛·福胜寺 [唐]　　新绛·白胎寺 [不详]
绛县·太阴寺 [金]　　运城·太平兴国寺塔 [唐]
稷山·法王庙 [元]　　稷山·青龙寺 [唐]
稷山·大佛寺 [金]　　芮城·永乐宫 [元]
万荣·稷王庙 [金]　　永济·普救寺 [唐]
永济·万固寺 [元]　　运城·池神庙 [唐]

朔州·应县
释迦塔
[辽代]

应县佛宫寺释迦塔位于山西应县城内西北佛宫寺内，俗称应县木塔。建于辽清宁二年（1056）。塔平面呈八角形，五层六檐楼阁式，顶层为八角攒尖顶，总高67.31米。木塔壮观精巧，和谐大方。释迦塔是世界三大名塔之一，是我国现存最高最古的一座木构塔式建筑，也是唯一一座木结构楼阁式塔。

本版小图均为释迦塔内彩塑 / 朔州·应县

全球十大奇险建筑

悬空寺

大同·浑源

位于大同市浑源县恒山，始建于北魏时期的悬空寺，是国内今存的佛、道、儒三教合一的独特寺庙。寺院距地面50余米，寺内有佛像80余尊。是集建筑学、力学、美学、宗教学为一体的中国古建筑精华的体现。石崖上刻有李白、徐霞客的墨宝：壮观、天下巨观。2010年12月，悬空寺被《时代周刊》列入全球十大最奇险建筑。

觉山寺 位于灵丘县城东南15公里的觉山。寺院创建于北魏，塔高13层，平面呈八角形，密檐实心砖砌。内有木雕卧佛一尊，四壁有壁画。塔座周围有砖雕歌舞伎，是辽代砖雕艺术珍品。

普救寺 始建于唐代。寺庙位于永济市。寺院坐北朝南，居高临下，依土塬而建。它是著名历史名剧《西厢记》故事的发生地。寺内有座莺莺塔，是世界六大奇塔之一。

金洞寺 金洞寺位于忻州城西20公里的龙门山脚下，又名龙门寺，为儒释道三合一寺院。金洞寺有宋、明、清三个时代的建筑，是我国古代建筑艺术宝库之一。上院和中院已毁，现在只留金洞寺保存完好。

千佛寺 千佛寺始建于元代，位居交口县石口乡山神峪村。洞中有1055尊形态各异的石刻佛像。洞内佛像最高的1.5米，最小的仅14厘米。

资寿寺 俗称苏溪寺，位于山西省灵石县城东10公里处的苏溪村西侧。创建于唐代咸通十一年（870），以祈求圣佛赐福保佑庶民长寿而得名资寿寺。

大师 法显
长治·襄垣

传说是山西省襄垣县人氏。他是中国佛教史上的一位名僧，也是中国历史上第一位到海外取经求法的大师和翻译家。法显3岁时出家，并于65岁取经求法出游天竺（印度），历时13年，游走30余个国家，历经千辛万苦于78岁高龄时完成了他的惊人壮举回到祖国，受到国内外人士高度赞誉。著有《法显传》《佛游天竺记》等书。在襄垣仙堂寺有他的塑像和东晋高僧法显纪念馆。

海潮庵 又称海潮禅寺，始建于明万历年间。位于山西省河曲县城东南40公里旧县乡南门外。海潮庵随山势而建，结构严谨，小巧玲珑。

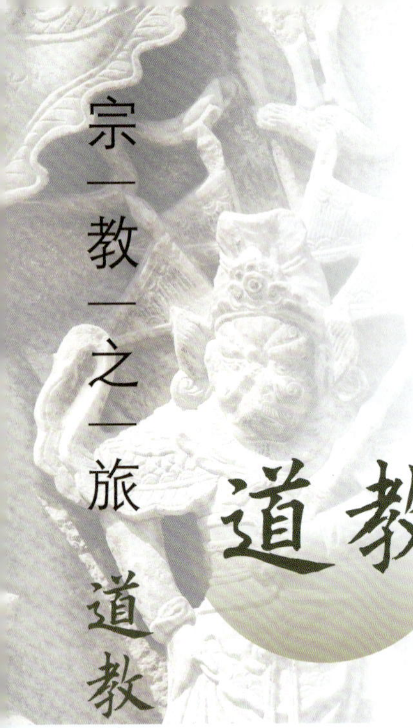

宗教之旅 道教

道教名山
宫观探幽

2

3

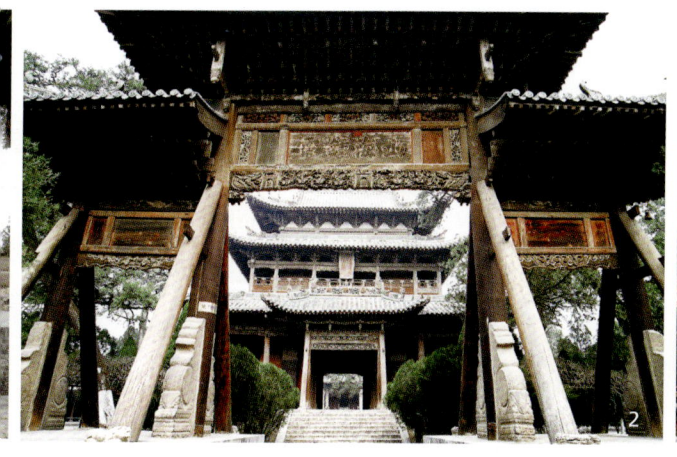

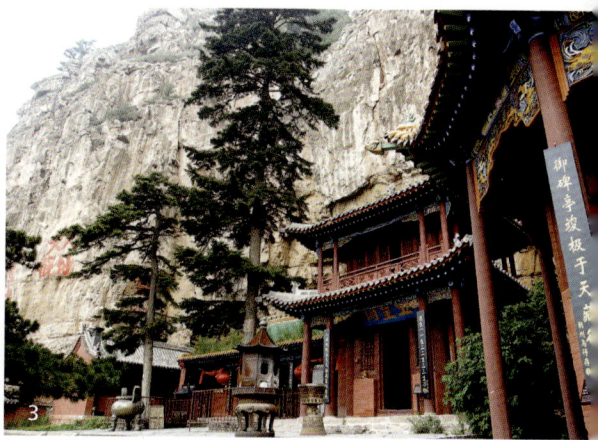

1 太符观/吕梁·汾阳　2 关帝庙/运城·解州　3 玉皇阁/浑源·恒山
4 永乐宫/运城·芮城　5 清虚观/晋中·平遥　6 恒山道观/大同·浑源

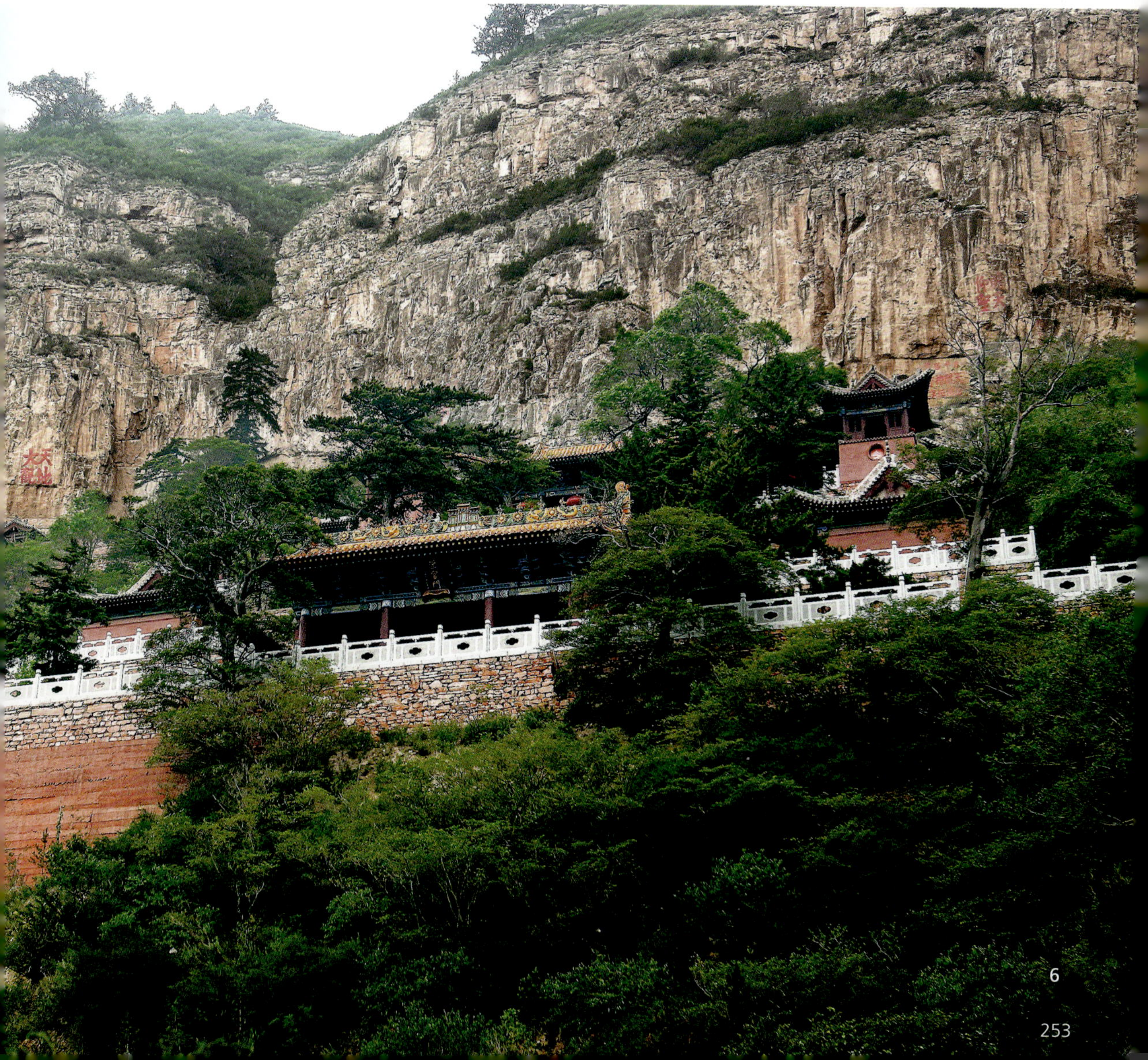
6

道观名山 隐

与儒、佛并存的"三教"之一的道教，是我国土生土长的古老宗教，有其悠久的历史渊源。据记载，远在东汉时期，道教和道教宫观已出现并初步形成。在岁月的长河中，道教几经兴起、衰落或兴盛，在不同的朝代呈现出自身的社会影响和地位。在盛唐时期，道教的发展已到顶峰，进入了最为繁荣的时期。各地宫观如林，香火鼎盛。道教不仅崇尚自然、崇拜名山大川，道教以物质形式存在的古老建筑——宫观，同样具有典型的中国建筑特色。几千年以来，不少闻名中外的道教名山、名观遗迹，在华夏文明摇篮之一的山西这片土地上，遗留下了许多宝贵的文化遗产。

诸如中国唯一的道教石窟——浑厚庄重、朴实无华的太原元代龙山石窟；被道教称为第五小洞天的北岳恒山，与东岳泰山、西岳华山、南岳衡山、中岳嵩山齐名天下，悬崖峭壁上宫观棋布；早期为道家所据的五台山被称为紫府山；素称三晋名山的北武当山，又名真武山，也是著名的道教名山；相传八仙之一的吕洞宾故里的芮城元代永乐宫，成为道家三大祖庭之一，耗时100余年才完成了全部建筑和960平方米壁画的工程；以彩塑300尊道教诸神扬名的晋城府城村后土岗的玉皇庙，是元代雕塑珍品；建于唐代的洪洞水神庙内的元代壁画，线条流畅，人物形象生动；始建于隋代的解州关帝庙，是一座典型的宫殿式的庙宇古建筑，寄托了民众对于武圣关帝的敬慕；建于悬崖峭壁之上的代县赵果观，构思奇特；被誉为世界十大

奇险建筑之一、建于北魏的体现"三教归一"的悬空寺;再有汾阳太符观、蒲县东岳庙、介休后土庙以及散落于民间的无数道观古建……

古老的道教宫观建筑,充分体现了中华民族高超的建筑艺术。隐于名山大川的道教宫观古建、内涵丰富的碑刻壁画、生动鲜活的彩塑雕刻,为后人留下了不尽的宝贵资料,是研究古代建筑、艺术、社会、生活以及人文历史的宝库,是中华民族永恒的物质和精神财富。

1 龙山石窟/太原
2 纯阳宫/太原
3 道场/临汾·洪洞
4 晋祠/太原
5 后土庙道教建筑、戏台/晋中·介休
6 灵峰观/运城·永济·五老峰

道教 名山宫观

太原
纯阳宫 [元] 太原市
关帝庙 [金] 太原市
晋祠圣母殿 [北宋] 太原市·晋源区
龙山石窟 [元] 太原市·龙山

大同
朝阳宫 [清] 大同市
纯阳宫 [明] 大同市
悬空寺 [北魏] 浑源县
会仙府 [明] 浑源县·恒山
北岳庙 [明] 浑源县·恒山
玉皇阁 [明] 浑源县·恒山
纯阳宫 [明] 浑源县·恒山

忻州
关王庙 [辽金] 定襄县
赵杲观 [北魏] 代县·新高乡·洪寺村·天台山

阳泉
阳泉·关帝庙 [不详] 阳泉市·郊区·荫营镇
泰山庙 [不详] 盂县·北下庄乡·坡头村
府君庙 [不详] 盂县·上社镇·中社北村

晋中
城隍庙 [元] 晋中市·榆次区
后土庙 [北魏] 介休市
五岳庙 [不详] 介休市
绵山道观 [东汉] 介休市·绵山
东岳庙 [不详] 介休市·绵山镇·小靳村
万寿宫 [不详] 寿阳县·平头镇·鹿泉山
清虚观 [唐] 平遥县

临汾
水神庙 [唐] 洪洞县·霍泉源头
孙真人庙 [唐] 洪洞县·大南门外
玉皇庙 [元] 洪洞县·辛村乡·辛北村
青龙观玄帝宫 [唐] 洪洞县·青龙山
东岳庙 [元] 翼城县·隆化镇·南橄村
庆唐观 [唐] 浮山县·龙角山
老君洞 [唐] 浮山县·张庄镇·梁村
东岳庙 [不详] 蒲县·柏山

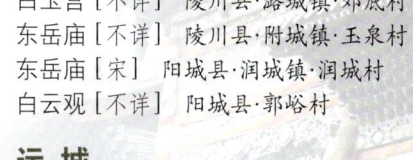

吕梁
凤山道院 [元] 吕梁市·离石区
天贞观 [宋] 吕梁市·离石区·北凤山
万寿观 [唐] 汾阳市
太符观 [不详] 汾阳市·杏花村镇
五岳庙 [不详] 汾阳市·三泉镇·榆苑村
圣母庙 [不详] 汾阳市·栗家庄乡·田村
三皇庙 [元] 孝义市·贾家庄村
北武当山宫观 [唐] 方山县·北武当镇
东岳庙 [不详] 石楼县·龙交乡·东垣村
观音殿 [唐] 交城县·卦山
玉虚宫 [明] 柳林县

晋城
仙翁庙 [不详] 高平市·伯方村
二仙宫 [不详] 高平市·西里门村
二仙宫 [唐] 高平市·北诗镇·中坪村
圣姑庙 [元] 高平市·上董峰村
清梦观 [元] 高平市·铁炉村
二仙观 [宋] 泽州县·金村乡·东南村
玉皇庙 [不详] 泽州县·北义城镇
东岳庙 [金] 泽州县·高都镇
东岳庙 [不详] 泽州县·周村镇·周村
玉皇庙 [北宋] 泽州县·俯城村
岱庙 [北宋] 泽州县·南村镇·冶底村
玉皇庙 [不详] 陵川县·潞城镇·石掌村
白玉宫 [不详] 陵川县·潞城镇·郊底村
东岳庙 [不详] 陵川县·附城镇·玉泉村
东岳庙 [宋] 阳城县·润城镇·润城村
白云观 [不详] 阳城县·郭峪村

运城
关帝庙 [隋] 运城市·盐湖区·解州镇
泰山庙 [不详] 运城市·盐湖区
城隍庙 [宋] 芮城县
永乐宫 [元] 芮城县·永乐镇
广仁王庙 [唐] 芮城县·中龙泉村
堆云洞 [元] 夏县·下牛村
泰山庙 [不详] 夏县·瑶峰镇·大洋村
东岳庙 [不详] 万荣县
后土祠 [北宋] 万荣县·庙前村
稷益庙 [不详] 新绛县
玉皇庙 [唐] 新绛县·泽掌镇·乔头沟村
玉皇庙 [不详] 垣曲县·皋落乡·埝堆村
灵峰观 [不详] 永济市·五老峰
景云宫 [唐] 绛县·横水镇东·灌底村

长治
潞安府城隍庙 [元] 长治市·东大街
玉皇观 [不详] 长治县·南宋乡·南宋村
会仙观 [金] 武乡县·监漳镇·监漳村
龙翔观 [金] 平顺县·王曲村
……

1 后土庙/运城·万荣
2 东岳庙·飞云楼/运城·万荣
3 北武当山宫观/吕梁·方山
4 真武宫·灵官顶/泽州·珏山
5 三皇庙/介休·贾家庄
6 东岳庙/临汾·蒲县
7 白云观/阳城·郭峪
8 赵杲观/忻州·代县

工业 之 旅

山西省
工业旅游
/ 示范 景点 /

太钢不锈钢工业园　太原市
中国煤炭博物馆　太原市
东湖醋园　太原市
宝源老醋坊　太原·清徐·水塔醋
晋华宫矿"井下游"　大同市
平朔煤炭工业旅游区　朔州市

你知道地下煤海的奥秘吗？你了解钢铁是怎样炼成的吗？你知道又香又酸的醋是如何酿造出来的吗？那么，请你走进山西工业旅游之列来。山西丰富的旅游资源不仅包括自然地理、人文历史，而且随着时代的发展，山西作为一个新、老工业并存的重要基地，特色工业旅游因其得天独厚的条件而进入了公众的旅游视野。目前为止，山西省已有一批全国工业旅游示范点。特色工业旅游，一道靓丽的风景线，让游者在放松心情的同时，探索奥秘，丰富知识。

宝源老醋坊／太原·清徐·水塔醋

神头电厂工业旅游区　朔州市·神头镇
万家寨黄河水利枢纽　忻州·偏关县
红海玻璃文化旅游产业园　晋中·祁县
杏花村汾酒文化景区　吕梁·汾阳市
长治潞宝集团　长治·潞城市
运城盐湖养生城（中国死海）　运城市

宇达青铜文化产业园　运城市
山西亚宝药业集团有限公司　运城市
晋城煤业集团丹朱岭工业旅游　晋城·高平市
太平家私工业园　大同市
鲁能热电工业园　河曲县
山西宏特煤化工有限公司工业旅游区　吕梁·交城县

绿树成荫，环境优美的渣山公园

太原 · 尖草坪街2号
太原钢铁（集团）有限公司

走进太钢，领略钢城风采，探寻不锈奥秘，一种想不到的感觉油然而生。始建于1934年的太原钢铁（集团）有限公司，不但是我省特大型钢铁联合企业，也是全球最大、工艺技术装备水平最高、品种规格最全的不锈钢企业。走进迷人的厂区和不锈钢生态工业园，现代工业的文明和绿色发展的风采相融，让游者在巨大的现代化高炉、纵横交错的管道、绿色花园般的环境中，近距离观看钢铁是怎样炼成的，同时也会感受到一个不一样的钢铁工业旅游的新内涵。

【友情提示】 游览时间：周六"公众开放日"，接待游人。
联系电话：0351—3014822

● 园林式的厂区生态环境

↑ 世界先进水平的4350立方米高炉　　↘ 水质达高标准的污水处理中心

↑ 世界水准的2250毫米热连轧生产线　　↓ 琳琅满目的不锈钢生态工业园

太原 · 迎泽大街 · 汾河桥西侧

中国煤炭博物馆

山西省太原市中国煤炭博物馆"煤海探秘游",使游客走进远古的地下世界,探索为我们带来光明和热能的乌金的过去和现在。通过参观逼真的模拟矿井,可以身临其境体验煤炭开采的整个过程。

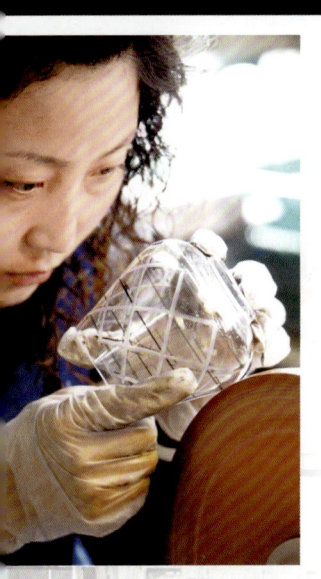

晋中 · 祁县

红海玻璃文化旅游产业园

有着"玻璃器皿之都"美誉的祁县山西红海玻璃，享誉海内外。其文化产业园，不仅展示了工艺独特、造型新颖的玻璃器皿，而且展示了非物质文化遗产的玻璃手工吹制技术工艺。

杏花村汾酒文化景区

吕梁 · 汾阳 · 杏花村

作为中国酒文化史上最具代表性的一处酿酒圣地，以盛产汾酒、竹叶青酒闻名的山西杏花村汾酒集团，在飘香的美酒中，每年要接待国内外游客20多万人次之多。

265

太原 · 杏花岭区 · 马道坡26号

东湖醋园

　　山西老陈醋集团的"东湖醋园"是国家级工业旅游示范景点，是一家集中展示醋文化的主题旅游园。在你了解老陈醋的蒸、酵、熏、淋酿造工艺流程以及老陈醋的历史渊源和文化内涵的同时，可尽情地品尝名醋的各类衍生品。

太原 · 清徐 · 杨房村

宝源老醋坊

"宝源坊"酿醋作坊闻名于明清时期。走进山西水塔老陈醋公司的老醋坊,醋香四溢。古老的手工工艺,让游人时不时推推碾磨、翻炒翻炒醋料。"曲中有味留香久,醅里藏春余韵长"道出醋文化内涵。

红色之旅

王家峪八路军总部旧址／长治·武乡

山西省不但富有大量的绿色旅游环境，也有着丰富的红色旅游资源。特别是八路军抗日根据地、红军东征路线、党中央由延安进驻西柏坡路经山西路线，已成为全国重点红色旅游线路。全省目前共有62处红色旅游景点，这些用鲜血和生命铸成的红色经典，已经成为回顾历史、缅怀先烈、激励青少年极具吸引力的爱国主义教育基地。

八路军太行纪念馆／长治·武乡

麻田八路军总部旧址／晋中·左权

中国唯一一座全面反映八路军和华北各根据地八年抗战史实的大型军事专题纪念馆——八路军太行纪念馆，位于山西省武乡县城，占地面积180000平方米，是集教育、科研、旅游观光为一体的优秀爱国主义教育基地。

太原

山西国民师范旧址	太原市·五一路
太原革命烈士纪念碑	太原市
文瀛湖辛亥革命活动旧址	太原市
太原孙中山纪念馆	太原市·文瀛湖
太原解放纪念馆	太原市
牛驼寨烈士陵园	太原市
中共太原支部历史纪念馆	太原市
牛驼寨战斗遗址	太原市·牛驼寨
郑村革命烈士陵园	太原市·北营
黄坡革命烈士陵园	太原市·和平南路
太原双塔革命烈士陵园	太原市
睦联坡烈士陵园	古交市
高君宇故居	娄烦县
解放战争支前纪念馆	阳曲县

大同

大同煤矿"万人坑"展览馆	大同市
平型关战役遗址	灵丘县
灵丘烈士陵园	灵丘县
左云烈士陵园	左云县

忻州

忻口战役遗址	忻州市
续范亭纪念馆	原平市
白求恩模范病室旧址	五台县
白求恩特种外科医院旧址	五台县
晋察冀军区司令部旧址	五台县
徐向前故居和纪念馆	五台县
毛主席居纪念馆	神池县
西河头地道战纪念馆	定襄县

朔州

李林烈士陵园	朔州市·平鲁区

晋中

八路军129师司令部旧址	左权县
八路军前方总部旧址	左权县
左权将军殉难处	左权县
麻田八路军前方总部旧址	左权县
八路军石拐会议纪念园	和顺县
尹灵芝烈士陵园	寿阳县
大寨展览馆	昔阳县

1 高君宇故居／太原·娄烦·静游　2 白求恩纪念馆／忻州·五台·松岩口　3 百团大战纪念碑／阳泉·狮脑山
4 白求恩模范病室旧址／忻州·五台·松岩口　5 八路军总部旧址／长治·武乡·砖壁　6 平型关战役遗址／大同·灵丘

山西主要红色旅游景点

阳泉
阳泉市烈士陵园	阳泉市
石评梅故居	阳泉市
狮脑山百团大战遗址	阳泉市

晋城
町店战斗遗址	阳城县

吕梁
刘胡兰纪念馆	文水县
贺昌烈士陵园	柳林县
刘志丹将军殉难处	柳林县
红军东征纪念馆	柳林县
"四八"烈士纪念馆	兴　县
晋绥边区革命纪念馆	兴　县
晋绥解放区烈士陵园	兴　县
红军东征总指挥部旧址	交口县
西庄毛主席路居地	交口县
康城毛主席路居地	交口县
红军东征纪念馆	石楼县
东征时毛主席路居馆	石楼县

长治
太行太岳烈士陵园	长治市
上党战役北关战斗遗址	长治市
老爷山上党战役战斗遗址	长治市
"抗日五专署"旧址	长治市
平顺西沟展览馆	长治市
八路军总部北村旧址	潞城市
八路军太行纪念馆	武乡县
百团大战砖壁指挥部旧址	武乡县
八路军总部砖壁旧址	武乡县
八路军总部王家峪旧址	武乡县
义门村八路军总部旧址	武乡县
太岳军区司令部旧址	沁源县
抗日阵亡将士纪念碑	沁源县
抗战三周年纪念塔	黎城县
黄崖洞革命纪念地	黎城县
八路军总部办事处故县旧址	沁　县

临汾
临汾烈士陵园	临汾市
彭真故居	侯马市
马牧村八路军总部旧址	洪洞县
红军八路军纪念馆(温家大院)	洪洞县
八路军总部寨上旧址	浮山县
红军东征回师旧址	永和县

运城
运城烈士陵园	运城市
河东特委革命活动旧址	夏　县
堆云洞嘉康杰革命活动旧址	夏　县

红色旅游 精品线路

山西省有丰富的革命历史遗迹，尤其在沿太行山、吕梁山、黄河一带，红色旅游资源更为集中。目前以革命遗址和重大战役、重大事件为载体，整合旅游资源，推出了红色旅游精品线路。

东线 北起平型关，经黄崖洞到武乡八路军总部，以太行山为主干，连接晋冀鲁豫根据地的东线旅游；

西线 北起蔡家崖，南至壶口瀑布，以吕梁山为主干，连接晋绥根据地和红军东征线路的西线旅游；

中线 西起临县碛口，经岢岚、五台山东至河北平山，以党中央进驻西柏坡途经山西路线为主干，连接延安和西柏坡的中线旅游。

徐向前元帅故居／忻州·五台·东冶

黄崖洞保卫战遗址／长治·黎城

在山西，以刘胡兰为代表的巾帼英雄还有尹灵芝、李林等人。其中，15岁的刘胡兰和17岁的尹灵芝都是宁死不屈、慷慨就义于敌人铡刀下；李林是归国华侨，身经百战，是富有传奇色彩的女英雄，24岁英勇献身。走进她们的故事，岁月的再现无不令人动容……

生的伟大 死的光荣 毛泽东题

刘胡兰雕塑／吕梁·文水

↑ 左权烈士陵园／晋中·左权

↑ 尹灵芝烈士陵园／晋中·寿阳

↑ 高君宇故居／太原·娄烦·静游

↑ 西河头地道战遗址／忻州·定襄

273

小吃 之 旅

过油肉

当你游走到以黄土高原著称的三晋大地时,不但能领略到沉淀在这片土地上的华夏文明五千年的辉煌,还会在赏心悦目之余,品尝到各种风味独特的地方小吃,其味、其色和它独特的地域饮食文化,会给你留下难以忘却的感受。地处内陆的山西,有着高原、平地、山川等不同的地理结构、气候温差和东南西北的地域风俗民情之别,因而,造就了不同的植物生长以及相异的生活习俗、饮食特点,也就衍生出了各具特色、千姿百态的地方风味小吃。每县,甚或每个村落,都有着自己独创的饮食习惯,有的甚至成为当地的代名词,深受群众喜爱而广为流传。

饸饹面 / 晋中

山西小吃
让你爱个够

作为古文化大省的山西，有11个地级市，119个县、市、区，15.6万平方公里广袤的面积。试想，会有多少具有特色的风味小吃？会有多少产于民间，流于四方的特色小吃呢？飘散在大街小巷、集市餐厅诱人的香味，那是山西人饮食文化的智慧在向四方宾客召唤。来自民间的独创，一点一滴地渗透着地域的辉煌。来到山西，无论在精神上还是在物质上，都会得到一种独特的享受。

大家所共识的刀削面、饸饹、过油肉等，均已成为省内外各地均有的特色名吃。每当村镇赶集之际，或当夜幕降临、街灯闪烁之时，推车、挑担、地摊边，扑鼻而来的是那些不辞辛苦、不避严寒的小商小贩。是他们，携带着来自故土的气息和特色，呈献着大雅之堂上所见不到的东西南北中的特色小吃，丰富着人民群众的生活，也为山西的餐饮文化增添了不可磨灭的色彩。

早点/太原

1 老鼠窟元宵／太原·柳巷
2 认一力肉丸子／太原·柳巷
3 头脑、稍梅／太原·柳巷
4 杨记灌肠／太原·食品街
5 牛肉蒸饺／太原·柳巷

太原 小吃

巍巍双塔，悠悠汾河，有着2500多年的历史、古称"龙城"的太原，也是"大唐"的发祥地。"认一力的饺子，宁化府的醋，老鼠窟的元宵，六味斋的酱肉，杂割头脑清和元……"，每逢秋冬季节到来，有着百年历史的清和园和其他酒店的"头脑"，便成了太原人喜爱的早点之一。"头脑"，源于明末清初，为太原著名思想家、书法家、医学家傅山先生所创，用肥羊肉、黄花、煨面、长山药、藕根、良姜、酒糟、黄酒八样原料配制而成的一种食物，因而又名八珍汤。"杂割头脑清和元"在当时的历史背景下，寓意宰割元、清封建王朝统治者之头。用腌韭菜作引子，配以一种名为"帽盒"的圆形面饼。当窗外寒风凛冽之时，一碗头脑下肚，益气活血、周身热气流淌，好不快哉！冬季久食，可养生健体、延年益寿。而以柳巷北口的"郝刚刚羊杂割店"为代表的羊杂割，外地客人来到太原，这里的早点成了必进的一道风味。以羊肉为主配以羊肚子、羊腰、羊肠子和粉条等，其味甚佳。就着热热的火烧，对爱吃羊肉的游客来说，绝对会让你过食不忘。来到太原，人们都会向你介绍一种价廉物美的"灌肠"，这是大街小巷里常见的一种小吃。食品街的"杨记灌肠"、"贾记灌肠"，令人叫绝。将荞麦面蒸熟成的碟形薄片的灌肠划成菱形小块，浇以多味卤汁，即可冷食，清爽可口；而配以绿豆芽、蒜苗或韭黄的炒灌肠，味美适口。灌肠，无论大小宴席，均是受人欢迎的一道地方小菜。而有着"一家蒸饺百家香"之誉的"认一力"的羊肉饺子，更是名冠三晋。"认一力"的蒸饺肥而不腻，可口鲜香。它的特点是用精粉做皮，肥羊肉为主料，加以丰富的佐料及砂仁、豆蔻、陈皮等十多种中药材，具有开胃、助消化之功能。来到太原，不能不去有着山西的"王府井"之称的柳巷街，更有必要去品尝一次"味压群芳、誉冠并州"的在柳巷街有着近80年历史的"老鼠窟"元宵。"老鼠窟"的元宵，从选料、浸米、配馅、滚制，工序严谨，水煮、油煎均可，皮薄馅满，味道甘美。老百姓最爱吃的豆腐脑，又名"老豆腐"，是太原百姓主要的早点之一。古人云"豆腐得味胜燕窝"，豆腐脑就油条、烧饼，大概是芸芸众生最普通的早点了。若在碗中再加入海米、海带丝、金针、韭菜丁、胡椒粉，淋点芝麻香油，加点蒜末盐醋酱油，配以卤汁，浓香无比，其味四溢于大街小巷里。除此以外，太原尚有晋阳一窝酥、打卤面、葱花烙饼、稍梅等数不胜数的名小吃，等待四方过客亲临品尝。

晋北小吃

山西北部，因地处塞北高原的气候和温差所致，理当以"油糕"、"莜面栲栳栳"、"油茶"、"浑源凉粉"、"五寨黑砂锅"和原平的"锅魁"、应县牛腰等为著。其中，用黄米面做成的油糕，包以豆沙、枣泥或苦菜、粉条等馅，用油煎炸，待金黄皮酥后出锅，撒以白糖，其味甚佳。"油糕"、"油糕"，步步登高之意，成为大小宴席中不可缺少的一道风味食品。具有地方特色的"浑源凉粉"，是以土豆粉皮，配以油炸蚕豆，加盐、醋、蒜蓉、芥末等食用，无论暑夏、严冬，皆感清爽可口。说到"锅魁"，则有一段故事。清光绪二十六年（1900），慈禧路经原平，食到当地一种小吃"锅馈"之时，不由连声赞道："不错，不错，炉食之魁嘛！""锅魁"由此得名。在山西，有句老话"三十里的莜面，四十里的糕"，说明这两种食品的热量较高，很适合当地人民食用。而"莜面栲栳栳"，则以其独特的制作方式和口感，吸引了南北游人。历史上传说，当年乾隆大帝路经此地，征战的将士食用此食品后，耐力提高。因此，命当地农民广种莜麦。抗战时期，率领八路军在山西坚持抗战的朱德总司令，也非常爱这种食品，给予了很高的评价。这种高寒地区劳动人民的高热量主食，具有降低胆固醇的作用，也是糖尿病人常用的一种降糖食品。凉调、热食均可，配以西红柿、小炒肉、羊肉臊子等佐料，其味甚佳，渐渐成为人们聚会餐桌上的常见换味食品。

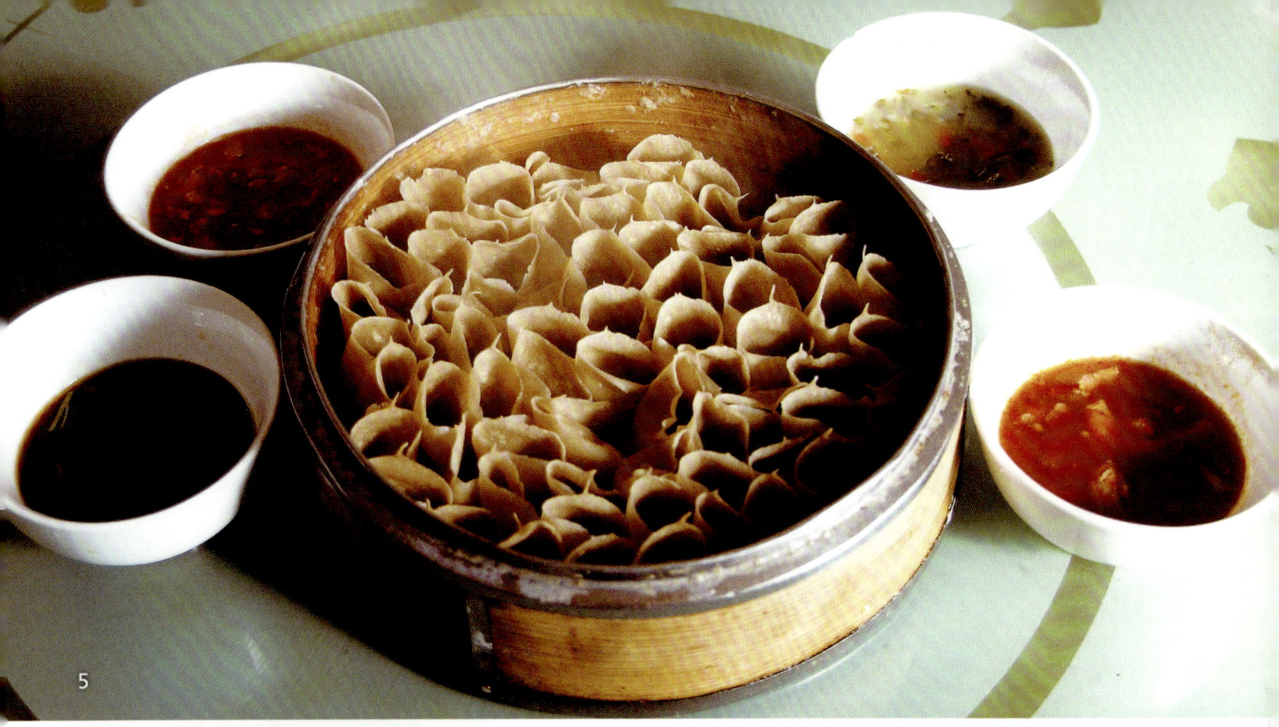

5

6

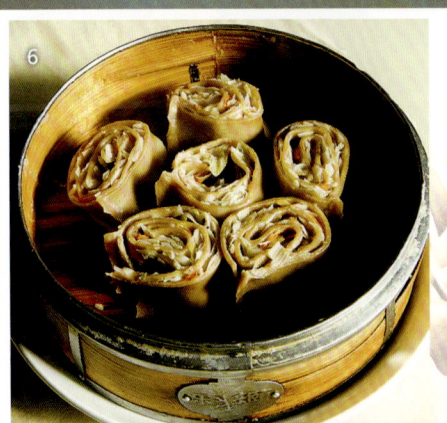

1 锅魁/忻州·原平　　2 油糕/晋北
3 凉粉/大同·浑源　　4 火锅/大同
5 莜面栲栳栳/晋北　　6 莜面囤囤/忻州·五寨
7 莜面鱼鱼/晋北

7

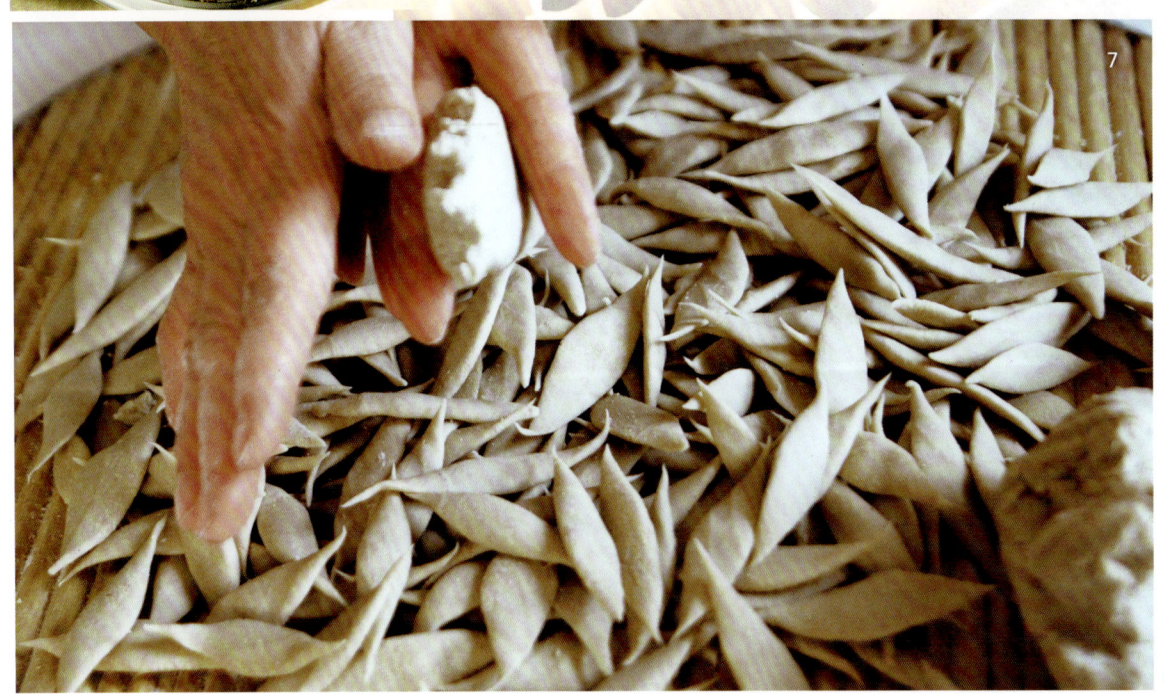

晋中 小吃

山西的中部地区，则以丰富多彩的小吃和多种多样的面食闻名四方。其中著名的有平遥碗托、平遥牛肉、太谷饼、有100多年历史的清徐孟封饼、源于唐代的介休贴拨姑、榆次桃花面、葱花烙饼、猫耳朵、豆角肉焖面、荞面饸饹等各种面食数不胜数。而且，每一种小吃都有一个动人的故事。"碗托"是大街小巷里最常见的一种大众食品，以荞面或白面为料，经特殊方法蒸制而成，食法犹如灌肠。爽口滑利、味美异常，是下酒的配菜。历史悠久、驰名中外的平遥牛肉，则更无需多言，常常成为走亲访友的首选礼品。"太谷饼"，产于山西省太谷县。其做法选料精细，工艺独到，甜而不腻，酥软可口，香甜湿润，为探亲、旅行的绝好佳肴。品种繁多的面食，更是晋中地区的特点。"猫耳朵"，顾名思义，犹如猫咪的小耳朵，可用白面、荞面、高粱面等作为原料，在面板或手掌上用拇指（或用筷子头拧转）捻成猫耳朵状，故名"猫耳朵"。煮熟后，浇以各种卤汁，别有特色，其味叫绝。

1 平遥月饼/晋中·平遥　2 焖面/晋中
3 刀拨面/晋中　　　　 4 碗托/晋中·平遥
5 白丑小麻花/运城·稷山
6 桃花面/晋中·榆次　　7 石头饼/运城
8 火烧/晋南　　　　　 9 擦圪垯/山西各地

晋南小吃

来到晋南地区的临汾或运城一带，其小吃则又是一番风味。常见的"石头饼"、"鸡蛋醪糟"、临汾"婆婆神羊汤"、运城"羊肉泡馍"、"闻喜煮饼"、侯马"太后御膳泡泡糕"、"稷山麻花"、"永济牛肉饺"等早已名扬三晋大地。"石头饼"的制作工艺十分别致。将用油、味料和好的面，碾成薄面饼，置于已经加热的小石子上，慢火烤熟，形成凹凸不平的疤痕，故又名"疤饼"。松脆酥香，易于消化，是行路中耐久保存的食品，也为民间馈赠亲友的常见礼品。而作为早点的"鸡蛋醪糟"，是用晋祠江米或红米为原料，加入醪糟曲搅拌均匀，入缸封口，发酵即成。食用时，煮沸后打入鸡蛋，黄白相间，其味酒香扑鼻，酸甜可口，有消食健胃之效能。而有山西"饼点之王"之称的"闻喜煮饼"，历史悠久。用白面、蜂蜜、香油、红白糖等为原料，加馅包皮、油炸、糖汁中浸泡，最后撒层芝麻而成，酥甜可口，贮存数月不变味，是极具特色的山西地方食品。

晋东南小吃

山西的晋东南地区，古称"上党"，是历史悠久、人文景观与自然景观俱佳的旅游胜地，同样有着独具特色的地方风味小吃。诸如壶关羊汤、长子炒饼、襄垣拌圪垯、黎城炸菜角、沁源栲栳栳、武乡软米糕、潞安烫面角、屯留大煎饼、长治十八碗、荫城猪汤等风味小吃，早在北宋时期就闻名遐迩，吸引着来自四面八方定居在上党的人们。历史上的民族风味小吃如羊肉包、中肉面、芝麻饼等品种在潞州、泽州到处可见，为上党饮食文化增添了丰富的内容。上党驴肉、上党甩饼、酥肉芥末粉皮汤风味独特。源于战国时火烧白起故事的高平烧豆腐，外焦里嫩、蒜香扑鼻、金黄诱人。晋城炒凉粉、陶艺与饮食结合的羊城肉罐肉、木耳圪贝等等，如今在太原也已遍地开花。俗话说"天上龙肉，地下驴肉"，可见其价值所在。"沙锅腊驴肉"，配有20多种草药、调料，具有一定的食疗滋补作用。驴肉的特点是"肥而不腻、瘦而不柴、香味四溢、回味无穷"。它起源于唐宋，一直是宫廷贡品，久负盛名，远销大江南北。腊驴肉与本地著名的酥火烧、凉粉，自古就被称为潞安府三宝，早已成为上党地区有代表性的小吃精品。

"世界面食在中国，中国面食在山西"，这是众所公认的。山西，何止好风光；山西，面食也是何等香啊！有着两千多年悠久历史的山西面食，深深植根于三晋大地上。流传在民间众多面食的称谓与演绎，不正反映了山西人和全国广大食客对它的重视和喜爱吗？

俗话说得好，"晋南的馍、晋中的面、晋北的糕"，无论是家庭主妇，还是餐厅主厨，形形色色的面粉，在他们手里便会演变成各种各样的美味食品，真是一面百样。有人形象地称赞刀削面："一叶落锅一叶飘，一叶离面又出刀，银鱼落水翻白浪，柳叶乘风下树梢。"当你走进寻常百姓家时，同一种面食，你会体验到

羊羔馍/临汾·霍州

山西面食 何等香

它的千变万化，可谓一面百味啊。

老舍先生曾称赞山西面食是"驼峰熊掌岂堪夸，拨鱼猫耳实且华"。有心人会发现山西的面食制品，已经演变成了面食艺术品，越来越受到大众的喜爱。想要品尝美味面食一绝，请到"面食之乡"山西来……

面塑/吕梁·岚县

山西面食/常用面粉
小麦粉、高粱面、豆面、荞面、莜面等。

山西面食/制作方法
分为蒸制面食、煮制面食、烹制面食三大类。面食制品在山西有400余种之多。其中尤以刀削面为主打面食，被誉为中国著名的五大面食之一。

蒸制面食

馒头类(馒头、花卷、枣馍、硬面馍)、面塑、玉米面窝窝、包子、稍梅、莜面栲栳栳、高粱面鱼鱼、油面鱼鱼、灌肠等。其中,面塑(俗称"面人"、"羊羔馍"、"花馍"等)类又分为花馍(祭供品)和礼馍(馈赠品)。

1 礼馍/吕梁·孝义
2 花卷/山西各地
3 狮形面塑/忻州·五台
4 焖面/晋中
5 包子/山西各地
6 羊羔馍/临汾·霍州
7 莜面/晋北
8 蒸饺/太原

馒头/山西各地

285

水饺/太原

彩色猫耳朵及其制作过程/山西各地

煮 | 制 | 面 | 食

大拉面、小拉面、龙须面、刀削面、一根面、擀面、刀拨面、包皮面、揪片、贴拨姑、饸饹、剔尖、猫耳朵、饺子、馄饨、拨烂子等。调料繁多。不夸张地说，在山西可以品尝到天天不重样的美味面食。

286

1 刀削面表演/太原 2 桃花面/晋中·榆次 3 蝴蝶面/晋中
4 结婚面/吕梁·孝义 5 拨鱼/晋中 6 龙须面/太原 7 甩面/山西各地

烹制面食

山西面食中的煎烤制面食，如葱花烙饼、煎饼、甩饼、锅贴、水煎包、焖饼、孟封饼等以及炸制类食品，如油糕、麻花、一窝酥、油花花、煮饼等，是寻常百姓喜爱的食物，也是宴请宾客和馈赠友人的好礼品。

1　孟封饼生产线／太原·清徐
2　老字号孟封饼／太原·清徐
3　太谷饼／晋中·太谷
4　闻喜煮饼／运城·闻喜
5　驴肉甩饼／长治
6　茶果／山西各地
7　油糕／山西各地
8　火烧／山西各地
9　笨月饼／忻州·神池
10　石头饼／晋中·祁县

特色之旅

一个省，有着上百个县份，地域跨越了15.6万平方公里的面积，自然会有各具特色的文化内涵。从雕塑之乡到绘画之乡，从爱情之都到牛郎织女文化之乡，从红枣之乡到酥梨之乡，从剪纸之乡到文化艺术之乡……太多的文化和艺术元素为我们的生活添加了快乐和丰富的内容。

天仙下凡·背棍/太原·清徐

山西主要 特色之乡
（由国家相关单位命名）

山西	中国面食之乡
大同	中国雕塑之乡
阳高	中国二人台艺术之乡
右玉	中国古堡之乡
岢岚	中国红芸豆之乡
和顺	中国牛郎织女文化之乡
平顺	中国大红袍花椒之乡
祁县	中国酥梨之乡
静乐	中国民间文化艺术之乡
左权	中国民间文化艺术之乡
介休	中国寒食清明文化之乡
黎城	中国民间文化艺术之乡
永济	中国爱情之都
广灵	国际剪纸艺术之乡
	中国民间文化艺术之乡

繁峙	中国戏曲之乡	长治县	中国民间文化艺术之乡（潞安大鼓）
寿阳	中国长寿文化之乡	泽州·大阳镇	中国民间文化艺术之乡（大阳八音会）
定襄	中国摔跤之乡	河曲	中国民间文化艺术之乡（河曲民歌）
芮城	中国书画之乡	汾阳	中国民间文化艺术之乡（地秧歌）
安泽	中国先哲历史文化名城	太谷	中国民间文化艺术之乡（秧歌）
万荣	中国笑话之乡	霍州	中国民间文化艺术之乡（威风锣鼓）
新绛	中国澄泥砚之都	翼城	中国民间文化艺术之乡（花鼓）
清徐	中国醋都	稷山·清河镇	中国民间文化艺术之乡（民间艺术）
交城	中国玻璃文化之乡	中阳	中国民间文化艺术之乡（中阳剪纸）
临县	中国红枣之乡	屯留	中国民间文化艺术之乡（瞪眼家伙）
忻州	中国摔跤之乡		
榆社	中国化石文化之乡		
神池	中国月饼之乡		
稷山	中国红枣之乡		
代县	中国民间绘画之乡		
浑源	中国民间文化艺术之乡		
隰县	中国金梨之乡 中国酥梨之乡		
泽州·高都镇	中国民间文化艺术之乡（庙会）		
清徐·东于镇	中国民间文化艺术之乡（社火）		
阳泉·西南舁乡	中国民间文化艺术之乡（民间艺术）		
怀仁	中国民间文化艺术之乡（旺火习俗）		
永济·韩阳镇	中国民间文化艺术之乡（背冰）		

1 二人台／大同·阳高
2 普救寺／运城·永济
3 红枣／吕梁·临县
4 大红袍花椒／长治·平顺
5 剪纸／大同·广灵
6 威风锣鼓／临汾·霍州

山西各地特产

众多旅游者都有一种习惯，行游到每一处，对各地的地方特产都会产生浓郁的兴趣，或品尝体验或购物留念。这些特色产品是当地人民岁月和智慧的结晶。在地域辽阔的山西，细说不尽、眼花缭乱的地方特产，会给你留下抹不去的记忆和印象。

汾酒、竹叶青酒／太原

清徐灌肠／太原·清徐

■ 太原

汾酒	竹叶青酒	认一力蒸饺	清徐葡萄
老鼠窟元宵	六味斋酱肉	头脑稍梅	清真什锦细点
郭杜林月饼	并州剪刀	太原葡萄酒	太原仿古铁器
晋祠大米	老陈醋	清徐灌肠	清徐孟封饼
羊杂割	阳曲白桃	阳曲国光苹果	古交木耳

清徐葡萄／太原·清徐

头脑稍梅／太原

郭杜林月饼／太原

■ 大同

大同铜火锅	大同艺术瓷	大同黄花
大同稍梅	大同黄烧饼	大同油炸糕
涮羊肉吃凉粉	恒山黄芪	恒山白酒
阳高杏脯	浑源葱头	浑源凉粉
灵丘莜麦面	灵丘大蒜	灵丘剪纸
广灵葵花籽	广灵小米	天镇豆腐皮
左云苦荞	莜面栲栳栳	红焖兔头

浑源凉粉／大同·浑源

大同铜火锅／大同

广灵剪纸／大同·广灵

代县黄酒／忻州·代县

雁门苦荞／朔州

■ 朔州

朔州沙棘汁	朔州胡麻油
朔州全脂奶粉	应县牛腰
应县紫皮蒜	右玉燕麦
右玉羊肉	右玉豌豆粥
雁门苦荞	莜面窝窝
平鲁荞麦	怀仁黑釉陶瓷
冻兔肉	

■ 忻州

忻州甘草	忻州香瓜
定襄蒸肉	定襄澄泥砚
原平锅魁	原平酥梨
五台砍三刀	五台台蘑
五台山"台砚"	五台万卷酥
神池月饼	神池胡油
神池莜麦	岢岚五加皮
代县麻片	代县黄酒
代县北芪	偏关粉丝
静乐冬花	河曲果丹皮
保德碗托	高粱面鱼鱼
五寨黑猪肉炖粉	

平遥推光漆／晋中·平遥

■ 阳泉

阳泉核桃	阳泉铁锅
九节菖蒲	平定黄瓜干
平定砂货	平定黑釉陶
盂县桔梗	盂县花椒

■ 晋中

过油肉	豆腐脑
蘸糊糊	榆次凉拌灌肠
平遥推光漆	平遥牛肉
平遥长山药	平遥碗托
平遥蘸片子	平遥长生源黄酒
祁县贾令熏肉	祁县小磨香油
祁县玻璃器皿	祁县六曲香
祁县酥梨	太谷"龟龄集"
太谷饼	太谷六必居酱菜
太谷壶瓶枣	榆社洋槐蜜
榆社阿胶	榆社笨鸡蛋
左权花椒	左权绵核桃
昔阳沙棘	大寨核桃露
和顺牛肉	寿阳豆腐干

平定黑釉陶／阳泉·平定

神池月饼／忻州·神池

左权绵核桃／晋中·左权

新绛云雕漆器
/运城·新绛

山西各地特产

■ 吕梁

吕梁柏籽羊	吕梁胡麻油
吕梁红芸豆	汾阳核桃
孝义石头干饼	孝义柿饼
柳林木枣	柳林芝麻饼
柳林碗托	柳林碗团
石楼熏枣	石楼甘草
临县红枣	临县锄饼
临县粉皮	岚县莜面
交城骏枣	兴县大明绿豆
方山沙棘	方山麝香
三交火烧	中阳芝麻

■ 长治

长治潞绣	长治潞酒
长治堆锦	长治酥火烧
长治山楂饼	长子铜乐器
潞城甩饼	潞城草帽辫
上党"党参"	上党腊驴肉
平顺花椒	"沁州黄"小米
壶关羊汤	武乡枣糕
黎城黎侯虎	

■ 临汾

晋南醪糟	临汾山西熏醋
临汾麻纸	临汾官滩枣
侯马皮影	侯马太后御膳泡泡糕
洪洞油炸馓子	洪洞玉堂春酒
洪洞甲鱼	洪洞羊杂烩
曲沃羊汤	曲沃烟叶
曲沃豆沙糕	永和红枣
连村粉条	蒲州青柿
隰县玉屏酒	吉县苹果
乡宁油糕	安泽连翘
浮山剪纸	浮山稍梅
吴家熏肉	平阳木版年画
霍州面塑	

■ 晋城

泽州红果	木耳圪贝	烧猪肝	沁水烧三鲜	高平烧豆腐
高平丝绸	高平黄梨	高平十大碗	阳城蚕丝	阳城烧猪肝

■ 运城

晋南泡泡糕	运城池盐	运城相枣	运城葱花饼	运城黄河鲤鱼
永济大樱桃	永济芦笋	永济牛肉水饺	永济桑落酒	解州羊肉泡馍
稷山麻花	稷山板枣	闻喜煮饼	闻喜白莲	芮城麻糖片
夏县板栗	垣曲猕猴桃	垣曲菖蒲酒	临猗石榴	平陆百合
万荣花生	万荣橘蜜柿饼	新绛澄泥砚	新绛云雕漆器	

1 平阳木版年画/临汾
2 岚县莜面/吕梁·岚县
3 "沁州黄"小米/长治·沁县
4 黎城黎侯虎/长治·黎城
5 霍州面塑/临汾·霍州
6 泽州红果/晋城·泽州
7 稷山麻花/运城·稷山
8 万荣花生/运城·万荣
9 夏县板栗/运城·夏县

醋文化节/太原·清徐

舞龙/运城·新绛

山西各地 文化艺术节

古风古韵的黄土地上，沉淀着五千年来的华夏文明。它以不同的形式展示着自身的文化内涵和人文价值，体现在各地悠久的文化传承中，因此，也就演绎出了丰富多彩的文化奇葩。在山西，几乎每个月份都有饱含民俗文化的艺术节，为各地游客带来了异常丰盛的文化大餐。（准确日期请查阅当地网站）

1月
中国·右玉冰雪旅游节

2月
全省各地社火
中国晋中晋商社火节
中国清徐醋文化节
中国清徐架火节
保德黄河文化艺术节
临汾尧庙根祖文化旅游月

3月
乡宁云丘山"中和文化节"
晋城泽州珏山道教文化艺术节

4月
中国绵山清明寒食文化节
山西洪洞古槐寻根祭祖节
山西祁县梨花节旅游节
蒲县东岳文化旅游节
太原市迎泽公园文化节

5月
侯马晋国古都文化节
中国应县释迦塔国际旅游文化节
孝义贾家庄三皇文化节

6月
五台山国际旅游文化节（6-7月）
平遥古城文化国际旅游节
沁县端午龙舟民俗文化节
中国太原晋阳湖端午民俗文化节
长治县中华祈福文化旅游节（天下都城隍）
中国高平炎帝农耕文化节

7月

中国和顺牛郎织女文化旅游节
中国北武当山旅游文化节（吕梁·方山）
高平·炎帝文化旅游节暨社会各界公祭炎帝典礼
大同火山黄花文化旅游节
中国和顺·乡村国际艺术节（许村）
榆社·云竹湖休闲旅游垂钓节
高平·七佛山定林寺蝴蝶文化旅游节
中国大同云冈·恒山旅游节

8月

长治沁源灵空山旅游避暑月
五台山佛教文化节·国际旅游月
中国山西面食节
中国右玉生态健身旅游节
中国·右玉西口风情生态旅游文化节
山西宁武县旅游文化节
灵石王家大院晋商文化旅游节
中国北岳恒山文化旅游节（大同·浑源）
运城常平关帝故里关帝关羽诞辰日

9月

山西太原国际民间艺术节
山西国际锣鼓节
大同云冈文化旅游节
偏关老牛湾·黄河长城文化旅游节
黄河壶口文化旅游节
太行风光（王莽岭）旅游节

长治平顺太行水乡全国新闻记者漂流邀请赛
长治平顺低碳旅游文化节
山西陵川太行山金秋红叶节
山西永济黄河风情文化旅游节
山西榆次文化旅游节
平遥国际摄影节
"神奇太行·经典晋城"旅游月
山西·运城虞舜文化旅游节
解州关帝庙关公文化节
榆社县休闲旅游节
中国寿阳福寿文化旅游节
永济普救寺世界情侣节
山西祁县晋商文化旅游节
中国太原晋商文化艺术节
山西运城国际关公文化旅游节
山西侯马·新田春秋古都文化节

10月

中国山西安泽荀子文化节
则天故里·苍儿会生态旅游文化艺术节
山西沁水历山文化旅游节
山西晋城围棋文化节
中国·运城舜帝德孝文化节
中国·山西杏花村汾酒文化节

梨花节／晋中·祁县

冰雪旅游节／朔州·右玉

架火节／太原·清徐

欢腾的晋中社火节

中式狂欢节
晋中社火

　　年一度的正月十五山西晋中社火节,是来自民间生活的激情演绎,是晋中原生态的民间艺术的集中表现。被誉为民间艺术之乡、中国社火之乡的山西省晋中市,包括榆次、介休、太谷、祁县、平遥、灵石、寿阳、昔阳、和顺、左权、榆社一区一市九县。每逢晋中社火节,每一处现场,都是多彩的海洋;每到一地,观者几乎都是倾巢而出。大道、街巷、庙堂,人群沸腾,满耳皆闻锣鼓喧天,人们称之为"中式狂欢节"。社火的特点尤其具有浓郁的地方特色,不论是榆次的龙腾狮跃、左权的小花戏,还是寿阳的大竹马、榆社的霸王鞭,以及旱船、抬阁、扭秧歌,虽然风格迥异,但都令观者心花怒放;更有那被称为"空中芭蕾"的抬阁、背棍,犹如仙女般的女童,在空中舞动着水袖,好似一幅幅仙女下凡图。

　　晋中社火,在很大程度上体现了当年晋商的精神生活。由于晋中一带是晋商的主要发源地,所以当年晋商的财富雄厚也就成为了推动和发展延续晋中社火的强大支柱。每年元宵节期间,也就成为了一年之中最为喜庆和热闹的时间。装彩车、搭彩楼、大街小巷挂彩灯,处处一片喜庆。而一年一度的正月十四、十五、十六更是闹元宵的高潮,几乎是倾城出动。紧张了一年的人们,在这三天里尽情地放松,尽情地欢乐,以新的快乐的心态迎接春天的到来。在长长的行游展示的文艺队伍中,最为壮观的是龙腾狮跃、扭秧歌。舞龙首当其冲,翻江倒海的气势,给人以一种振奋。旱船、花轿和锣鼓,则是一种传统、美好和激励。丰富多彩的晋中社火节,自然也就成了旅游者和艺术家们乐意光顾的地方。

　　晋中社火,不愧是中国式的狂欢节!

许村
国际艺术公社

位于山西和顺太行山下，这个有千年流传"牛郎织女"美好故事的地方，一个名不见经传的古村落开始在国内外艺术圈内传扬，而且网络名气上涨。它，就是山西省晋中市和顺县松烟镇的许村。

在许村村口牌坊的右侧，一面褐红色石板砌起的墙面上，"许村国际艺术公社"的中英文大字赫然入目。小小山村，昔日宁静、质朴的土地上，涌入外来世界的气息，融入了古老的生活。

2011年7月18日，来自美国、澳大利亚、丹麦、英国、韩国以及中国台湾和内地众多的艺术家和艺术小组走进大山脚下、农家院落。这些世界前沿的国际当代艺术与中国太行山区最原始的民俗生态开始了碰撞与对话、磨合与相融。不同国度的艺术家，来到这块厚重而淳朴的异国土地上，从中汲取东方鲜活的、原生态的创作灵感，结合各自的文化背景与特色，生成一种新的思维理念和创作意识。

这是中国第一家在传统文化中孕育、生长的家园里，接受外来不同国度当代艺术理念的创作基地。一次东西方的艺术对话在细雨迷蒙、景致诱人的意境中，播撒下了希望的种子，期待它的是累累硕果……

许村，古老的明清街和建筑、威严庄重的"全神庙"、古老民居等依偎在雄浑的太行山怀抱和秀美怡人的田园情调氛围中，为世界各地前来的艺术家同行们营造了一处艺术创作的理想境地。同时，丰富多彩的民俗元素也为旅行者提供了一处自然温馨的休闲之地和精神乐土。

一年一度的中国和顺·乡村国际艺术节在盛夏的7月，正以它特有的内涵和魅力，吸引着你、我、他，来到这清凉幽静的避暑佳地，共同享受艺术与大自然赋予我们的这份精神财富……

交通提示

位于山西省晋中市和顺县松烟镇的许村古村落，被誉为"中国乡村版的798"。许村距离松烟镇6公里，距和顺县城21公里。

周边景点

许村周边有阳曲山、石佛洞、走马槽、龙泉寺、夫子岭等景区。

山西 庙会

岚县面塑节（古庙会）/吕梁·岚县

庙会，历史遗留下的"痕迹"，是古代百姓祭祀、娱乐以及文化和物资交流的场所。各地庙会都有它自身的内涵和风俗寓意。比如，有些庙会以祭祀、娱乐为主要内容；有些庙会是为了纪念英雄人物和历史人物；有些庙会则是表达人们的美好愿望，祈盼生活美好、生产丰收……

山西各地历史上几乎村村有庙宇、处处有庙会。随着时代的变化，虽然庙会正逐渐以新的形式和内容来展现，但庙会举办的社戏、社火中依旧保留了许多各地民俗的文化内容和动人的传说故事。逛庙会，依然是百姓生活中不可缺少的社会交流和娱乐活动形式。

山西部分庙会介绍

农历正月

太原动物园庙会	正月初一
临汾尧庙庙会	正月初一
太原晋之韵民间文化庙会	正月初六
保德义门镇暖泉村毗卢殿庙会	正月初八
河曲刘家塔弥佛寺庙会	正月初八
汾城镇尉村跑鼓车	正月十三
柳林盘子会	正月十五
夏县尉郭乡西阴村古会（嫘祖生日）	正月廿五

农历二月

忻州忻府区大檀村古庙会	二月初二
太原晋源庙会	二月初二
夏县裴介镇姚村古会（轩辕生日）	二月初二
偏关"二月二"龙抬头古庙会	二月初二
芮城风陵渡镇南端匼河古会	二月初二
偏关所王庙庙会	二月初二
长治堠北庄镇骼堖村庙会	二月初九
夏县胡张乡其毋村古会（娘娘古会）	二月初九
清徐庙会	二月十五
新绛万安镇赵村泰山庙会	二月十五
岚县面塑节（古庙会）	二月十九
长治南垂村古庙会	二月十九
襄垣安宁千手佛古庙会	二月廿二
榆次东阳庙会	二月廿四
襄垣常隆庙会"避瘟会"	二月廿八

太原动物园庙会／太原

偏关"二月二"龙抬头古庙会/忻州·偏关

农历三月

长治老顶山镇关村庙会	三月初一
洪洞羊獬村"接姑姑迎娘娘"	三月初二
原平石鼓寺庙会	三月初三
闻喜县礼元镇裴柏村裴晋公庙会	三月初三
芮城永乐镇蟠桃古庙会	三月初三
北武当山春游庙会	三月初三
长治关村古庙会	三月初三
忻州忻府区栋楼村庙会	三月初三
屯留北关二仙庙会	三月初八
万荣高村乡丁樊村庙会	三月初九
绛县东华山庙会	三月初十
临汾尧都东羊后土庙会	三月十二
临汾姑射仙洞庙会	三月十五
长治堠北庄镇蒋村庙会	三月十五
代县阳明堡普度寺庙会	三月十八
洪洞广胜寺庙会	三月十八
绛县东华山古庙会	三月十八
万荣后土祠圣母娘娘诞辰	三月十八
临县善庆寺庙会	三月二十
夏县禹王乡禹王古庙会	三月廿二
夏县裴介镇朱吕村古会（姜太公）	三月廿五
忻州奇村镇胡杨村北殿庙会	三月廿七
忻府区奇村岱岳殿庙会	三月廿八
蒲县东岳庙会	三月廿八
临汾王曲东岳庙庙会	三月廿八
襄垣西里村凉楼祝寿会	三月廿八
忻州市庄磨镇古庙会	三月廿九

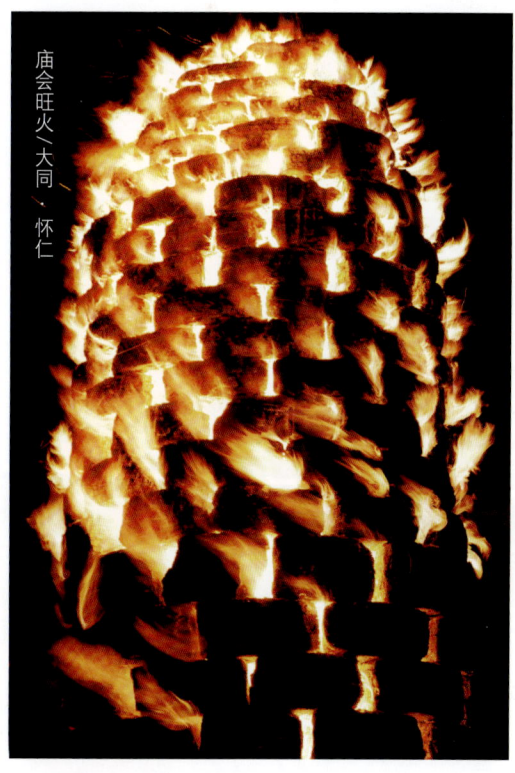

庙会旺火/大同·怀仁

山西部分庙会介绍

农历四月

临汾尧陵祭尧大典	清明
乡宁"四月八""油糕会"	四月初六
临汾魏村牛王庙庙会	四月初六
朔州县古庙会	四月初八
忻州奇村镇南高村庙会	四月初八
解州古庙会	四月初八
河曲楼子营镇辛家坪村香山寺庙会	四月初八
北岳恒山庙会	四月初八
宁武雷鸣寺庙会	四月初八
宁武马营海庙会	四月初八
襄垣仙堂山古庙会	四月初八
襄汾古城镇关村庙会	四月初八
离石安国寺庙会	四月十四
长治市东街城隍庙会	四月十五
繁峙大营奶奶庙庙会	四月十八
宁武阳方口的娘娘庙会	四月十八
长治县五龙山山会	四月十九
太原娄烦县庙会	四月廿五
长子大堡头尧王庙会	四月廿八
武乡段村圣母庙会	四月廿八

农历五月

屯留老爷山庙会	五月初一
长治黄碾镇古庙会	五月初一
大同城隍庙会	五月十一
定襄宏道关公庙会	五月十三
五寨县城古庙会	五月十三
长治县荫城铁货会	五月十三
长治新街关帝庙会	五月十三
宁武新堡灌沟寺庙会	五月十三
静乐神峪沟庙会	五月十三
宁武定河台骀寺庙会	五月十八
五寨三岔镇庙会	五月廿五
武乡故县西关城隍庙会	五月廿五
五寨韩家楼庙会	五月廿八

背棍（太原庙会）

乡戏·岚县·面供节

农历六月

五台台怀骡马庙会	六月初一
偏关天峰坪镇闫家沟村庙会	六月初六
繁峙东关庙会	六月初六
岢岚县云际寺庙会	六月初六
长子·屯留纪念后羿庙会	六月初六
保德县庙会	六月初六
保德东关龙王庙庙会	六月初六
广灵水神堂庙会	六月十八
岢岚燕家村燕山寺庙会	六月十五
五寨大武州庙会	六月十八
繁峙羊头山	六月十九
常平家庙关公诞辰	六月廿四

农历七月

五老峰朝山庙会	七月初一
晋祠古庙会	七月初二
武乡洪水九龙庙会	七月十五
武乡石盘顶山庙会	七月十五
潞城微子镇比干岭庙会	七月十九
武乡故城大云寺庙会	七月廿四
交城玄中寺庙会	七月三十

农历八月

壶关幸村祭祀大禹的庙会	八月十五

农历九月

五寨高庙庙会	九月初九
五寨镇西卫重阳节庙会	九月初九
长子鲍店古镇药材会	九月十三
长子县岳飞庙会	九月廿六
长治县柳林村骡马大会	九月十七

农历十月

夏县水头镇西下晁村古会	十月初一

腰鼓/洪洞·广胜寺庙会

山西重点
风景名胜区

山西旅游景点遍地皆是，为了使游者对山西旅游景区有个更为清晰的概念，除去许多散在各地的自然景观外，这里把国家公布的风景旅游景区列举如下。

国家级风景名胜区

大同·恒山风景名胜区　　**临汾**·壶口风景名胜区
忻州·五台山风景名胜区　**运城**·五老峰风景名胜区
吕梁·北武当山风景名胜区

1 恒山风景名胜区/大同·浑源　　2 五老峰风景名胜区/运城·永济　　3 北武当山风景名胜区/吕梁·方山

姑射山、仙洞沟风景名胜区/临汾

石膏山风景名胜区/晋中·灵石

太行水乡风景名胜区/长治·平顺

晋祠天龙山风景名胜区/太原

省级风景名胜区

太原	晋祠天龙山风景名胜区　崛崓山风景名胜区　汾河水库风景名胜区
大同	摩天岭长城风景名胜区　六棱山风景名胜区
忻州	芦芽山风景名胜区　赵杲观风景名胜区
吕梁	碛口风景名胜区　南阳沟风景名胜区
晋中	绵山风景名胜区　石膏山风景名胜区　太行龙泉风景名胜区
临汾	姑射山、仙洞沟风景名胜区　云丘山风景名胜区
长治	太行山大峡谷风景名胜区　老顶山风景名胜区　黄崖洞风景名胜区　神龙湾、天脊山风景名胜区 太行水乡风景名胜区　精卫湖、白松林风景名胜区　南涅水石刻风景名胜区　仙堂山风景名胜区 太行龙洞风景名胜区　菩提山风景名胜区
晋城	皇城相府风景名胜区　珏山风景名胜区　山里泉风景名胜区
运城	百梯山风景名胜区　孤峰山风景名胜区

311

绵山风景区/晋中·介休

山西省部分旅游景点参考价格

单位：元

（下列价格如有变化，以景点当日公布为准）

太原

太原市·蒙山大佛	待定
太原市·晋祠	70
太原市·店头古村	60
太原市·莲花台土雕群	60
太原市·中国煤炭博物馆	60
太原市·天龙山石窟	30
太原市·双塔寺	30
太原市·太山龙泉寺	20
太原市·崛崛山多福寺	20
太原市·窦大夫祠	20
太原市·土堂净因寺	18
太原市·汾河二库	15
太原市·龙山石窟	10
太原市·动物园	10
太原市·傅山园	10
太原市·纯阳宫（山西省艺术博物馆）	10
太原市·文庙（山西省民俗博物馆）	5
太原市·碑林公园	2
太原市·崇善寺	2

大同

大同市·云冈石窟	150
大同市·华严寺	80
大同市·善化寺	50
大同市·古城墙	50
大同市·万人坑	50
大同市·纯阳宫	30
大同市·九龙壁	10
大同县·乌龙峡	100
大同县·土林	60
浑源县·悬空寺	130
浑源县·汤头温泉	120
浑源县·恒山	55
浑源县·恒山·庙群区	35
灵丘县·觉山寺	20

朔州

朔州市·崇福寺	15
应县·应县木塔	60
右玉县·杀虎口	30

忻州

忻州市·傅山苑	30
五台县·五台山	240
五台县·豆村佛光寺	15
代县·雁门关	90
代县·边靖楼	20
代县·赵杲观	20
代县·杨忠武祠	15
代县·文庙	15
宁武县·万年冰洞	50
宁武县·汾河源头	22
宁武县·悬崖古栈道	22
宁武县·天池	10
宁武县·芦芽山	18
五寨县·五寨荷叶坪	20
定襄县·阎锡山故居	50
定襄县·西河头地道战纪念馆	30

阳泉

阳泉市·翠枫山	50
盂县·藏山	80
盂县·烈女祠	20
平定县·固关长城	30

晋中

榆次区·常家庄园	60
榆次区·榆次老城	60
榆次区·后沟古村	40
介休市·绵山	110
介休市·张壁古堡	50
平遥县·平遥古城	150
平遥县·双林寺	25
平遥县·镇国寺	20
祁县·乔家大院	72
祁县·渠家大院	40
灵石县·王家大院	66
太谷县·孔祥熙宅院	30
太谷县·三多堂	30
太谷县·无边寺白塔	20
寿阳县·方山国家森林公园	68

芦芽山悬崖古栈道/忻州·宁武

昔阳县·大寨		48
和顺县·太行龙口		40

吕 梁

汾阳市·汾酒文化景区		50
汾阳市·太符观		20
交城县·庞泉沟漂流		100
交城县·卦山		40
方山县·北武当		72
方山县·南阳沟		50

长 治

长治市·老顶山始祖百草堂		30
壶关县·太行峡谷八泉峡		80
壶关县·太行峡谷红豆峡		80
壶关县·太行峡谷青龙峡		80
壶关县·太行峡谷黑龙潭		50
壶关县·太行十八盘		40
壶关县·紫团洞		30
平顺县·太行水乡漂流		80
平顺县·金灯寺		68
平顺县·神龙湾景区		60
平顺县·太行天脊山		60
武乡县·八路军文化园		90
武乡县·砖壁游击战体验园		60
武乡县·王家峪		40
黎城县·黄崖洞风景区		40

临 汾

尧都区·尧陵		50
尧都区·华门景区		50
尧都区·尧庙		30
尧都区·仙洞沟		25
霍州市·霍州署衙		40
霍州市·陶唐峪		30
吉　县·壶口瀑布		91
吉　县·克难坡		22
洪洞县·洪洞大槐树		80
洪洞县·广胜寺		35
洪洞县·苏三监狱		30
洪洞县·温家大院		30
襄汾县·丁村民俗馆		30
襄汾县·丁村民居		25
隰　县·小西天		40
蒲　县·东岳庙		15

晋 城

阳城县·皇城相府		100
阳城县·蟒河		80
阳城县·九仙女湖		68
陵川县·太行王莽岭		100
陵川县·凤凰欢乐谷		60
泽州县·珏山		60
泽州县·山里泉		40
沁水县·柳氏民居		48

运 城

运城市·盐湖（理疗、漂浮、洗浴）		230
运城市·解州关帝庙		70
运城市·常平关帝家庙		30
运城市·常平关帝祖茔		30
运城市·舜帝陵		48
永济市·五老峰		80
永济市·雪花山		60
永济市·黄河大铁牛		60
永济市·普救寺		50
永济市·鹳雀楼		50
永济市·王官峪风景区		30
垣曲县·望仙风景区		60
垣曲县·历山风景区		60
垣曲县·历山舜王坪		60
垣曲县·历山猕猴源景区		20
万荣县·西滩		60
万荣县·李家大院		50
万荣县·后土祠		40
万荣县·笑话博览园		30
夏　县·堆云洞		45
夏　县·司马温公祠		30
夏　县·司马光祠		30
芮城县·永乐宫		50
芮城县·大禹渡		48

石雕/晋中·平遥

介绍山西旅游的网站

中华人民共和国国家旅游局	www.cnta.com
中国旅游网	www.51yala.com
中华地图网	www.hua2.com
华北旅游	www.hb-ly.com
山西省电子政务外网	www.shanxi.net.cn
黄河新闻网	www.sxgov.cn
山西省旅游网	www.xsly.org
山西省风景名胜网	fjms.sxjs.gov.cn
山西旅游学会官网	www.sxlyxh.com
山西旅游地理	sihaoda.com
山西旅游热线	www.u0351.com
人说山西好风光旅游网	www.gotosx.com
山西旅游政务网	www.sxta.com.cn

忻州旅游网	www.sxxzlyw.com
晋中旅游	jinzhong.cncn.com
阳泉旅游	yangquan.cncn.com
五台山旅游网	www.u0350.com
吕梁旅游	lvliang.cncn.com
长治文物旅游信息网	www.czwwly.com
晋城旅游	www.jcscene.net
临汾旅游网	www.u0357.com
运城旅游网	www.yclyw.gov.cn
太行网	www.cntaihang.com
太原市旅游局网	www.tylyhy.cn
山西气象信息网	www.sxqx.gov.cn

驴妈妈	dest.lvmama.com/place15
山西旅游	sxta.com.cn
大公网山西频道	sxdgb.gnway.net
山西旅游超市	www.sxlycs.com
山西文物局	www.sxcr.gov.cn
龙城热线	www.ty.sx.cn
太原旅游	www.ss0351.com
山水旅游黄页	www.ss0351.com
太原道	www.tydao.com
大同旅游网	www.dtly.com.cn
朔州旅游	shuozhou.cncn.com
山西旅游信息网	www.cntsx.com
遨游山西网	www.shanxi.auyou.com
山西新闻忻州网(旅游频道)	www.xinzhou.org

太行风光/山西·平顺·穽底

温馨提示

物品清单

资料 票据、证件、旅游指南、地图、旅行日程表、通讯录等。必要时，可将某些重要内容录入成电子文档，保存在电脑移动硬盘或U盘中。

器材 相机、镜头、脚架、磁卡、电池充电器、读卡器、清洁用具、电源插板和转换插头等。

用具 手电、剃须刀、计算器、充电池、指甲刀、开罐器、随身听、旅行闹钟、小型电热杯、针线包、吹风机、纸和笔等。

生活 备换衣物、备换鞋、睡衣、围巾、帽子、手套、泳衣、毛巾、化妆品、防晒用品、雨具、太阳镜、饰品、纸张和洗浴（洗漱）用品等。

药品 心脏药、消炎药、感冒药、止痉药、消化药、蚊虫药、胶带和纱布等。高血压患者，请备好微型测压器；糖尿病患者，请备血糖测量仪等。

注意事项

1 注意随身携带的证件、财物、饮食、住宿、旅游、购物及人身的安全。

2 自驾出发前，应检查车辆安全，配备必要工具。行驶谨慎，遇事冷静，遵守交通规则。杜绝疲劳驾驶，严禁酒驾。

3 探险旅游要保持良好的身心状态，配备合适的装备，掌握必须的技能和常识。了解地理、气候特征，了解救援机构联系方式，学会自救的一般常识。

4 进入宗教区域和少数民族地区，应严格遵守宗教政策和当地风俗。

5 多饮水，多吃蔬菜和水果，防止中暑及胃肠道疾病。

6 攀登或漂流时，应留意摄影器材、手机等，以防丢失或进水。购物、购票或去洗手间时，应注意随身携带的物品，切勿交与陌生人看管。

7 照相机、摄像机等物品应避免暴晒、雨淋和强烈震动。最好在较大的塑料袋内更换镜头、磁卡等相机部件，以避免沙粒进入机内。

神龙湾（平顺·东寺头）

岳家寨·平顺·石城镇

急救常识

外出前要做身体正常体检，依据自身情况带好必需药品。身体欠佳者出行，务必携带有关疾病医疗资料，以便发生问题时好对症处理。

心脏病 立即平卧，服用自带药品，并与当地医疗机构联系。如呼吸困难，则需抬高头部、胸部。如病人有心跳呼吸停止的情况，立即给予人工呼吸或心外按摩。

中风 在紧急情况下，不可随意搬动病人。可使病人平卧，嘴偏向一侧，防止分泌物阻塞呼吸道。

中暑 注意及时通风，将病人移至阴凉处，并及时利用冷敷等方法给病人降低体温。

外伤 及时止血。少量出血时可用压迫法。严重出血时，置止血带于伤口上方，每隔15分钟左右略作松弛。如头部受伤不可摇动。

骨折 令患者平卧，及时止血。可用木板在断端两头用绷带固定。

烫伤 首先用干净的凉水冲洗，不要弄破水泡。然后用干净的布料覆盖，速送医就诊。

休克 立即使其平躺，头低位，保证头部供血，还要保证体温恒定。如果不是失血性休克，可以适当饮用一些含糖、含盐的饮料。

触电 首先绝缘。保温勿使其着凉，同时进行人工呼吸。

溺水 救出水面后，首先清除口中异物，同时把病人置于面朝下，头低位，拍打背部，排出进入胃内的水分。另外，采取人工呼吸、心外按摩等急救措施。

食物中毒 服用浓食盐水，令其吐出，并尽快送往医院。

毒蛇咬伤 包扎伤口上部，用清水冲洗伤口，用刀片或用嘴吸出（口内需无伤口），并尽快送往医院。

小虫入耳 将虫入耳端面向有光处，或将油汁（甘油、食用油等）滴入，等其自然爬出。

异物入眼 千万不可揉擦眼睛，用清水冲洗眼内或用药棉等轻轻将异物拭去。

山西省主要城市 邮编 / 区号 / 车牌号

城市	邮编	区号	车牌号
太原市	030000	0351	晋A
古交市	030200	0351	
大同市	037000	0352	晋B
阳泉市	045000	0353	晋C
晋中市	030600	0354	晋K
介休市	032000	0354	
长治市	046000	0355	晋D
潞城市	047500	0355	
晋城市	048000	0356	晋E
高平市	048400	0356	
临汾市	041000	0357	晋L
霍州市	031400	0357	
侯马市	043000	0357	
吕梁市	033000	0358	晋J
汾阳市	032200	0358	
孝义市	032300	0358	
运城市	044000	0359	晋M
河津市	043300	0359	
永济市	044500	0359	
朔州市	036000	0349	晋F
忻州市	034000	0350	晋H
原平市	034100	0350	

山西省主要便民服务电话

基本
匪警 110	火警 119
急救 120	交通事故 122

医院　　　　　　　　　　　　　　　+0351
山医一院急救	4044648
山医二院急救	3174848
山西省人民医院急诊	4960110
太原市人民医院交通急救	2023060
太原市急救	7222223
太原市红十字血液中心	6161059

铁路　　　　　　　　　　　　　　　+0351
火车站咨询	95105688
火车站订票	2233611
铁路服务监督	2633752(日)
	2633402(夜)

公路
高速公路咨询	0351-12122 / 7338259
高速公路指挥中心	0351-5691110
一支队(太原支队)	0351-5692110
二支队(大同支队)	0352-8105111
三支队(长治支队)	0355-2090055
四支队(运城支队)	0359-2563400

公交车咨询	0351-7249876
出租车投诉	0351-3031188
太原长途汽车总站	0351-4042346
太原客运西站	0351-6330571
太原客运东站	0351-2389052
太原建南汽车站	0351-7071219
太原迎宾汽车站	0351-8724041

航 空　　　　　　　　　　+0351

机场咨询	7012355
东航山西分公司	4187972
南航太原售票处	4291088
东晋航空有限公司	4137111
海航太原长风售票处	4031678
中国民航太原售票处	4088059

金 融　　　　　　　　　　+0351

中行山西分行	95566
建行山西分行	95533
工行太原分行	95588
农行山西分行	95599
民生银行太原分行	95568
华夏银行太原分行	95577
光大银行太原分行	95595
晋商银行	96588

保 险
+0351

中国太平洋保险太原分公司	95500
中国平安保险太原分公司	95511
中国人民保险山西分公司	95518
中国人寿保险山西分公司	95519
中国阳光保险山西分公司	95510
中国光大保险山西分公司	5289949

星河湾/太原

（以上电话供参考，如有变化请查询当地114）

远眺龙城/太原

山西省部分旅行社

太 原 +0351

港中旅国际旅行社(山西)	4728328
山西商务国际旅行社	5278620
山西港之旅航空旅游	8210988
太原育英旅游服务中心	7062358
山西世达国际旅行社	7924882
山西省中国青年旅行社	4197112
山西省中国国际旅行社	8211109
太原市中国旅行社	3533258
山西铁路国际旅行社	2639982
山西太平洋旅游有限公司	4728700
山西天马国际旅行社	7019998
中国国际旅行社(山西)	8231050
山西省中国旅行社	4946283
山西阳光旅游有限公司	8390808
山西省艺术家旅行社	2029153
太原神州旅游开发公司	2029516
山西太原天缘旅行社	3534222
山西龙之旅旅游发展有限公司	4199458
山西宝华国际旅行社	8888886
山西中北国际旅游公司	7859911
山西晋阳旅行社	4122300
山西体育旅行社	7088498
山西金海洋旅行社	4069055
山西太原四季风旅游公司	5259000
山西友谊国际旅行社	4967811
山西金旅假日旅游有限公司	8390737
太原市都市风情旅游有限公司	8281103
山西山水旅游有限公司	4181687
山西大自然旅行社有限公司	8222331

大 同 +0352

大同市中国旅行社	5025495
大同中国青年旅行社	5125096
大同京铁国际旅行社	2810262
大同市半岛假日旅行社	2800636
大同旅行社	2017226
大同市春秋旅行社	2061336
大同煤矿集团晋华国际旅行社	7051076
大同中港旅行社	5103389
大同市晋阳旅行社	6036739
大同市北岳旅行社	2819932
大同航空旅行社	2044088
大同云冈旅行社	5105707

乡间奇葩/右玉·高家堡

霓虹古村/平顺·虹梯关乡

大同市新九州国际旅行社	5186550
大同市康辉旅行社	2048000

朔 州 +0349

平朔煤炭工业公司旅游公司	2055366
朔州飞马国际旅行社	2020131
朔州塞上情旅行社	2029898
朔州市腾飞旅行社	2086298
朔州商务旅行社	2063962
朔州东方旅行社	6886161
平朔旅游公司	2052331
怀仁仁都旅行社	6622696
右玉平安旅行社	8030109
应县环宇国电旅行社	5066881

忻 州 +0350

忻州中国旅行社	3031717
忻州山西五台山青年国际旅行社	3038008
忻州市阳光旅行社	3042978
忻州北方商务旅行社	3308308
忻州四季旅行社	2128999
忻州嘉年华旅行社	3302332
忻州交通旅行社	3391652
忻州华夏旅行社	3029066
原平环球旅行社	8232555
原平神州旅行社	8586999
原平市黄河京都旅行社	8565602
华夏旅行社定襄分部	3321555
定襄县繁荣旅行社	3321155
代县九州行旅行社	5226927
春秋旅行社	5546888

阳 泉 +0353

阳泉市交通国际旅行社	2591091
阳泉市友谊之旅旅行社	7086135
阳泉市青春旅行社	2019899
阳泉平安世纪旅行社	2025079
阳泉泰和国际旅行社	6697777
阳泉宾馆华夏旅行社	2058500
阳泉市天海假期旅行社	2939000
阳泉假日旅行社	2053799
阳泉大自然旅行社	2098600
阳泉春秋旅行社	4260892
阳泉四海旅行社	2935388
平定县娘子关旅行社	6069290
扬帆旅行社	2014488
神洲旅行社	2298298
国中国国际旅行社	2059889
万通国际旅行社	4296666

晋 中 +0354

晋中佳新国际旅行社	3028288
晋中太行旅行社	2055866
晋中大地旅行社	2029756
晋中假日旅行社	3025566
寿阳四方国际旅行社	4600460
寿阳春秋旅行社	4622543
左权新东方旅行社	8623885
和顺顺之旅旅行社	8124321
山西昔阳大寨旅行社	4388181
太谷大众旅游有限公司	6225999
太谷县白塔旅行社	6225558

舞龙

祁县晋鑫假日旅游有限公司	5243948
祁县阳光旅行社	5270996
平遥县商会旅行社	5672258
平遥县晋昌旅行社	5629298
介休市介之旅旅游有限公司	7214699
灵石天马旅行社	7656855

长 治 +0355

长治市好运达旅行社	2205103
长治市风管光旅行社	2037015
长治市大地旅行社	3586008
长治市太行旅行社	2034791
长治市华泰旅行社	2112826
长治市嘉和国际旅行社	2113646
长治东方国际旅行社	2051098
长治赛福国际旅行社	2058096
长治安泰国际旅行社	2081848
长治市商务旅行社	2036589
长治方舟旅行社	2046690
长治神州旅行社	2056362
长治市阳光旅行社	3552666
长治市仙堂山旅行社	7228200
壶关县红豆旅行社	8772111
黎城黄崖洞旅行社	6862666
潞城市潞仙阁旅行社	6762918
平顺县阳光假日旅行社	8926389
长治县黎都旅行社	8289116
武乡红星旅行社	6363335
武乡友谊旅行社	6388656

晋 城 +0356

晋城友好国际旅行社	3034018
晋城康辉旅行社	2022865
晋城市新华旅行社	2230666
晋城市假日旅行社	2052499
晋城市鼎之旅旅行社	2061110
晋城市春秋旅行社	3068633
晋城市凤凰旅行社	2058333
晋城市丹朱岭旅行社	2266900
陵川县棋源旅行社	6204669
陵川县太行风光旅行社	6209877
高平市假日旅行社	2268600
高平市星星旅行社	5229766
沁水东方旅行社	7029992
沁水神州旅行社	7029111
阳城太岳旅行社	4232466
阳城山水假日旅行社	4280999

临 汾 +0357

临汾市尧都旅行社	2086903
临汾中国旅行社	2014611
山西大地国际旅行社	2019880
临汾市五洲旅行社	2088920
临汾夏日旅行社	2054356
临汾大地国际旅行社	2110067
临汾京铁旅行社	3326919
山西壶口之旅旅行社	3169663
临汾假日旅行有限公司	2014441
临汾商务旅行社	2037200

侯马市万里行旅行社	3908058
侯马市四方旅行社	4212100
侯马市航旅假日旅行社	4213977
曲沃县完美假期旅行社	4524788
霍州市旅行社	5662485
翼城县禹王坪旅行社	6551619
翼城县舜王坪旅行社	6551616
隰县龙泉旅行社	7327228
汾西县金凤凰旅行社	6102588
乡宁县亚龙旅行社	6831333
洪洞县兴洪旅行有限责任公司	6228788

吕　梁 +0358

吕梁龙之旅国际旅行社	8262777
吕梁金色假期国际旅行社	8238812
吕梁四方风情旅行社	8290949
吕梁春天旅行社	8228621
吕梁大自然旅行社	8290655
吕梁牵手旅行社	8293338
吕梁东方商务旅行社	8283756
汾阳汾秦旅行社	7335499
汾阳市天下旅行社	7234900
汾州国际旅行社	7233748
汾阳九源旅行社	3323798
杏花村汾酒集团旅游公司	7229217
交城红马甲旅行社	3528250
交城同方旅行社	3528847
文水天马旅行社	3011790
文水假日旅行社	3023233
孝义阳光假日旅行社	7632166
孝义东方旅行社	7624681
柳林黄河风情旅行社	5520600
柳林圆梦旅行社	4084033
方山北武当旅行社	6025166

临县碛口旅行社	4425544
中阳县聚朋旅行社	5028234
交口县鸿宇旅行社	5426516

运　城 +0359

运城关帝旅行社	2085458
南风运城青年旅行社	8967189
运城黄河旅行社	2025587
运城市商务旅行社	2021781
运城朋友旅行社	2519990
环境国际旅行社运城分公司	6367828
运城青之旅旅行社	2292151
运城中国国际旅行社	2086616
运城中国旅行社	2080101
永济鸿雁旅行社	8023513
永济华侨旅行社	8033399
永济铁路旅行社	8071098
芮城亚宝旅行社	3033015
河津市龙门旅行社	5033108
垣曲县顺昌旅游有限公司	8778219
新绛县名城旅行社	7526969
绛县东华旅行社	6526350
临猗神州风情旅行社	4026666
闻喜县强龙旅游有限公司	7027987
平陆县假日旅行社	3529919
万荣后土旅行社	4528997
稷山县兴达旅行社	5525066
夏县夏都风情旅行社	8538688

（以上电话供参考，如有变化请查询当地114）

旅行社选择须知

1 查看旅行社是否持有相关部门颁发的《旅行社业务许可证》和《营业执照》。
2 了解旅行社是否已经交纳了旅游质量保证金。
3 了解旅行社是否有权经营旅游者所需要的旅游业务。
4 比较旅行社在所需要的旅游项目、线路上具有的优势，在同等条件下进行价格比较，但不可误以为价格越低越好。
5 旅游价格一般分为两块：一块是代订费用（由旅行社支出吃、住、行、游的费用），另一块是综合服务费。

庙前山/太原·天龙山

山西省部分 酒店宾馆

太 原 +0351

晋祠国宾馆	6099999
万狮京华大酒店	7658888
山西国贸大酒店	8688888
丽华大酒店	6699999
山西迎泽宾馆	8828888
山西政协宾馆	5659988
山西大酒店	8829999
山西阳光大酒店	3099999
三晋国际饭店	8827777
山西政协宾馆	3659988
山西愉园大酒店	8823333
山西御花园假日酒店	4812000
山西黄河京都大酒店	5679999
太原并州饭店	8821188
山西电力大厦	3117850
山西饭店	8821111
云水榭大酒店	7340091
山西银海宾馆	6249116
太原黄河大酒店	3030888
山西省水利大厦	5255020
太行大酒店	7589818
交通大厦	8267008
山西邮电大厦	4090688
山西煤炭大厦	8822222
云水榭大酒店	7340091
钱江大酒店	7583888
太原市国防宾馆	8261166
山西省林业大厦	7244250
山西中城宾馆	8260666
铁道大厦	2231888
鑫四海酒店	3691198
恒山饭店	4945966
山西金广快捷酒店	5611123
太原维客商务酒店	4157166
太原锦江之星酒店	4088888
太原如家快捷酒店	2232111
太原汉庭快捷酒店	4818888
天一宫名人会馆	4964828

忻 州 +0350

五台山五峰宾馆	3365888
山西邮电忻州培训中心	3610880
瑞龙大酒店	3168888
忻州宾馆	3048100
五台山大酒店	3060666
忻州冠力大酒店	3020507
五寨大酒店	4305999
原平市宾馆	8230889
原平宾馆	8230889
宁武汾源度假村	4784888

晋祠国宾馆／太原

晋祠国宾馆／太原

晋祠国宾馆/太原

静乐宾馆	7822269
代县洋成大厦	5253999
万通源大酒店	5666666

朔州 +0349

平朔宾馆	2052396
朔州万通源大酒店	2163601
朔州亿隆大酒店	8189999
万通源平鲁宾馆	6961888
渤海湾大酒店	8181666
光华大酒店	2168188
朔州市圣厚源大酒店旅游饭店	2170588
应县国利假日酒店	5034098
应县金城宾馆	5064100
山阴佳联大酒店	7075222
山阴县洪涛度假山庄旅游饭店	7062888
怀仁国利大酒店	3053588
怀仁国益大酒店旅游饭店	3058888
平鲁宾馆旅游饭店	6961999
右玉玉龙国际大酒店	8066666
右玉玉林苑旅游饭店	8030338

大同 +0352

云冈国际酒店	5869999
云冈建国宾馆	5066666
天贵国际酒店	5685888
大同宾馆	5868666
晨光国际酒店	5688888
雁北宾馆	5860888
花园大饭店	5865888
五洲大酒店	5868888
红旗大饭店	5366566
浑源恒山饭店	8320925
广灵大酒店	3312888
广灵溢香园酒店	8825066

阳泉 +0353

阳煤集团药林会议中心	7058888
山西阳泉美国际大酒店	2937777
阳泉北冰洋大酒店	4239999
阳泉宾馆	2031888
万水大酒店	2022222
阳煤集团盂县温泉疗养院	8176033

吕梁 +0358

吕梁国际大酒店	8238488
吕梁国际大宾馆	8221666
吕梁大酒店	2266408
吕梁国贸大酒店	8232999
吕梁新世纪大酒店	8250888
汾阳裕和花园大酒店	3338888
汾阳酒都宾馆	7329111
汾阳市丰泰苑大酒店	7231666
汾阳宾馆	7321111
柳林宾馆	4029999
方山武当山宾馆	6022350
岚县宾馆	6722346
孝义万方科技大厦	2139999
孝义华都大酒店	7614555
交城天宁宾馆	3532024
文水国茂大酒店	3089008
中阳宾馆	5301666

晋中 +0354

平遥洪善驿宾馆	5689000
平遥麒麟阁大饭店	5689988
平遥一得客栈	5685988
平遥丽泽苑国际酒店	5676888
榆次颐景国际大酒店	2088888
榆次金融大酒店	3111888
榆次宾馆	2029729

晋中宾馆	2638111	临汾尧都大酒店	2510668
榆次宏安国际大酒店	3077577	临汾红楼大酒店	2089999
榆次银都海岸	2085111	临汾宾馆	2091782
榆次东方宾馆	3600111	临汾黄河大酒店	2081199
榆次大东海商务快捷酒店	3038222	临汾铁路宾馆	3329140
榆次江南大酒店	3782888	霍州宾馆	5627558
榆次天逸大酒店	2667666	霍州玉皇宫大酒店	5626000-8600
寿阳博大酒店	4634888	霍州西部王朝商务酒店	5611126
寿阳聚金湾大酒店	4605366	霍州洪都大酒店	5607815
寿阳宾馆	4606988	霍州中人宾馆	5611166
寿阳华海商务大酒店	3903555	霍州明悦大酒店	5621372
左权县迎宾馆	8622358	隰州宾馆	7324972
左权龙华大酒店	8620988	曲沃宾馆	4511118
介休百乐态度假城	7531288	曲沃宝丽大酒店	4520668
介休铁运大厦	3530400	侯马华强大酒店	4289391
介休宾馆	7214648	侯马怡鑫大酒店	3908111
介休供贸宾馆	7214298	翼城宾馆	4934503
介休红旗宾馆	7585368	吉州宾馆	7922620
灵石天星假日酒店	7625718	吉县黄河大酒店	7925899
祁县乔家宾馆	5321559	大宁宾馆	6151666
太谷鑫龙大酒店	6259666	古县宾馆	8322262
昔阳公路宾馆	4126858	安泽安焦宾馆	8522530
昔阳大寨旅行社宾馆	4388167	洪洞信合宾馆	6226970
		蒲县安隆宾馆	3329140
		襄汾丁陶国际大酒店	3695555

临 汾 +0357

临汾唐尧大酒店	2069999
临汾花果城饭店	2089880
临汾金海湾大酒店	2068888

长 治 +0355

长治益动国际酒店	5555555

1 庞泉沟/吕梁·交城
2 假日酒店/大同

长治东明国际大酒店	2222222	陵川宾馆	6204000
长治益东国际大酒店	3568888	高平九龙大酒店	5244239
长治鹏宇国际大酒店	2199999	高平友谊宾馆	5242808
长治市财苑大厦	2200000	阳城相府宾馆	4858180
长治清华宾馆	3912508	阳城县一招待所	4228516
长治国税宾馆	2085608	沁水宾馆	3033973
长治宾馆	2188001		
长治花园假日酒店	3521566	**运 城** +0359	
太行宾馆	2185006	运城金鑫大酒店	2259999
长治长城宾馆	2188888	运城空港度假村	6301888
潞城天脊宾馆	6891313	运城大酒店	2020508
武乡宾馆	6386708	运城市宾馆	2291888
武乡五洲大酒店	6386888	运城桃园国际酒店	2289888
武乡红星宾馆	6388768	永济黄河京都大酒店	8135333
平顺宾馆	8922050	永济海纳酒店	8135333
壶关宾馆	8779377	永济富源大酒店	8016888
屯留宾馆	7526146	永济电机宾馆	8075174
		永济中农宾馆	8088666
晋 城 +0356		永济宾馆	8015002
晋城金辇大酒店	2228222	永济大酒店	8022218
晋城富景国际饭店	2088886	芮城大酒店	3038368
晋城大酒店	2228888	芮城惠阳酒店	3038888
晋城颐宾大酒店	3068888	芮城宾馆	3030611
晋城棋源山庄大酒店	6666666	夏县瑶池温泉山庄	8553001
晋城泽州大酒店	2099999	夏县新兴宾馆	8538138
晋城高都大酒店	2088388	垣曲五龙大厦	6022122
晋城煤海宾馆	2088088	垣曲宾馆	6025340
晋城阳城美韵花园大酒店	4888888	河津天都大酒店	5168888
晋城沁水乌金宾馆	7026999	河津新耿大厦	5068888
晋城阳光大酒店	2229001	稷山县大红楼	5532088
阳城竹林山大酒店	4287888	平陆宾馆	3530666
阳城环城凯斯顿酒店	4288999		
陵川祺源山庄	6666666		

(以上电话供参考，如有变化请查询当地114)

山西省 高速公路

G 国家级高速公路
S 省级高速公路
单位：公里

G5 京昆高速　　　　　　　　　　339
罗城—[4]晋祠—[17]清徐—[23]文水东
—[13]祁县—[24]平遥—[12]张兰—[16]介休
—[15]灵石—[19]仁义—[18]霍州—[31]明姜
—[14]洪洞—[13]土门—[13]临汾—[20]襄汾
—[23]北柴—[12]新绛—[21]稷山—[23]河津东
—[7]河津西—[1]禹门口龙门大桥

G7 京新高速　　　　　　　　　　2740
北京—张家口—集宁—呼和浩特—包头
—临河—额济纳旗—哈密—吐鲁番—乌鲁木齐

G55 二广高速　　　　　　　　　　636
得胜口—[5]新荣—[20]大同北—[2]御北
—[11]御东—[14]大同南—[12]毛皂—[12]怀仁
—[26]应县—[12]山阴—[31]新广武—[20]代县
—[9]大营—[8]崞阳—[21]原平—[12]三家村
—[15]顿村—[7]忻州—[16]豆罗—[16]大盂
—[13]黄寨—[8]阳曲—[61]榆次—[13]太谷
—[49]榆社北—[14]榆社南—[19]武乡—[20]王村
—[17]襄垣—[21]屯留—[13]长治西—[6]长治南
—[15]长治县—[34]高平—[17]南义城—[9]金村
—[7]晋城东—[7]晋城—[14]泽州

G18 荣乌高速　　　　　　　　　　152
省界—[17]灵丘—[21]平型关—[11]汤头
—[42]浑源西—[42]应县—[19]—G55

G20 青银高速　　　　　　　　　　368
省界—[29]旧关—[5]平定—[26]阳泉—[26]寿阳
—[46]峪头—[12]武宿—[10]小店—[1]滨河西
—[3]古城营—[3]罗城—[4]晋祠—[17]清徐
—[18]交城—[10]开栅—[11]文水—[13]杏花
—[10]汾阳—[9]分洋溪—[38]吴城—[27]离石东
—[11]离石西—[16]柳林东—[15]柳林西—[8]军渡

G22 青兰高速　　　　　　　　　　1795
黎城—潞城—长治—屯留—安泽—临汾—
乡宁—吉县

G5512 晋新高速
西蜀—韩家寨

G1801 朔州绕城高速
烟墩—化庄—西什庄—平鲁—山阴—元营

G2001 太原绕城高速
武宿—罗城—袁家庄—阳曲

G2002 阳泉绕城高速
旧街—南娄镇—河底—郊区—平定

G2003 吕梁绕城高速
大武—信义—田家会—李家湾—枣林

G2201 长治绕城高速
西贾—逢善—管道—东催

G2202 临汾绕城高速
土门—曲婷—南辛店

G5501 大同绕城高速
古店—巨乐—管保—南村—肥村

G5502 忻州绕城高速
顿村—杨芳—豆罗—兰村—解原

G5503 晋城绕城高速
北义城—西蜀—南村

G7501 运城绕城高速
东郭—解州—金井—张金

山西高速公路

山西大运高速

S45 天黎高速　　96
新平堡 —[26]天镇 —[33]阳高 —[32]大同县西 —[5]— S30

S65 安阳高速
郑庄 — 沁水 — 阳城

S75 侯平高速　　122
S80 —[9]侯马 —[20]东镇 —[16]闻喜 —[16]夏县 —[20]机场 —[7]运城东 —[6]东郭 —[12]张店 —[14]南坡 —[2]平陆

S85 右芮高速
右玉 — 平鲁 — 朔州 — 神池 — 五寨 — 兴县 — 临县 — 离石 — 中阳 — 交口 — 大宁 — 吉县 — 乡宁 — 河津 — 万荣 — 运城 — 芮城

S87 运风高速　　80
风陵渡 —[24]永济西 —[9]永济 —[16]黄营 —[10]卿头 —[9]金井 —[12]运城西

S30 孙右高速　　184
孙启庄 —[5]神泉堡 —[26]大同县 —[18]马连庄 —[51]新荣南 —[20]管家堡 —[21]左云北 —[26]右玉北 —[17]右卫

S36 广浑高速　　79
南榆林 —[9]广灵 —[10]梁庄 —[32]沙圪坨 —[18]浑源北 —[10]省界

S40 繁河高速
代县 — 大营 — 宁武 — 神池 — 河曲

S46 五保高速　　313
保德 —[20]窑洼 —[48]神州 —[9]岢岚 —[11]黄道川 —[29]静乐 —[9]芦芽山 —[24]曹张 —[11]定襄北 —[8]蒋村 —[12]建安 —[16]五台南 —[31]耿镇 —[24]石咀子 —[8]省界

S50 平临高速　　211
临黄 —[6]兔板 —[39]临县 —[26]方山 —[41]梁家庄 —[13]娄岚 —[11]丰润 —[56]西凌井 —[11]泥屯 —[8]太原北环

S56 太古高速　　23
太原 — 古交

S60 榆祁高速　　72
榆次龙白 — 太谷 — 祁县赵城

S66 河汾高速　　160
G20 —[8]汾孝 —[14]汾孝东 —[15]张兰北 —[12]平遥南 —[8]东泉 —[21]分水岭 —[31]云竹 —[13]榆社北 —[11]榆社东 —[27]左权西

S70 黎永高速
黎城 — 沁源 — 霍州 — 汾西 — 永和

S80 陵侯高速　　87
G55 —[15]郝庄 —[15]陵川 —[29]王莽岭 G5 —[11]侯马北 —[9]曲沃 —[10]翼城 —[26]翼城东 —[12]沁水西 —[19]沁水东

S86 晋阳高速　　36
晋城牛匠 — 泽州 — 阳城

S3011 党西高速

S8811 华古高速

（以上里程数仅供参考）

↘ 高速公路

行驶**注意**事项

一 超车要点

1. 首先通过车内后视镜和装在机罩两旁的后视镜认真观察超车道上有无后续车辆和近距离在超车道上的并进车辆。
2. 在注视车前车后车旁的情况下,发出超车信号时,一边靠近道路中心线,一边平稳地转动方向盘,以较大的行车轨迹将车果断加速驶向超车道。特别是在雨天,应注意不可猛打方向盘,以免发生侧滑。
3. 汽车驶入超车道,超前车时,必须精力集中,果断完成操作动作,避免拖延时间和犹豫不决。

二 高速公路上爆胎后如何处理?

1. 车速不是太快时,爆胎后车辆不会立即翻转,千万不可猛踩刹车,要立即打开危险灯,双手用力控制方向盘,尽量保持车身正直向前,并迅速抢挂低挡,利用发动机牵阻制动车辆,使车辆慢滑行停下来。
2. 设法将车停至路肩上,乘员下车,于公路护栏外选择安全的地方停留,并在车辆的后边100米处设置警告牌。
3. 拨打高速公路报警电话,实施现场救援。

三 高速公路雪天行车要注意哪些事项?

1. 在雪天行车时要全神贯注、适速行驶,前、后、左、右要留有安全车距。
2. 起步、行车要慢抬离合器,轻加油,平稳起步。
3. 车辆不超速行驶、不空挡滑行、不违法超车。
4. 握稳方向盘,转向缓慢。尽量保持车辆直线行驶。转弯时提前减速,充分利用发动机的牵制力换低速挡控制车速,轻踩刹车。
5. 正常行驶中,严禁突然加油、收油、猛打方向、猛踏刹车。
6. 车辆如遇侧滑或跑偏,要及时减油,同时往侧滑方向打轮,轻点刹车,调正车身。
7. 坡路行车,最好有助手随行,要备三角木(安装防滑设备)。
8. 如突遇事故发生,要踏死刹车不松,掌握好行驶方向,使车轮推着事故物件前移。
9. 雪后驾驶要戴上防护镜,以保证及时发现行车过程中发生的情况。

← 山西高速公路/晋中·左权

山西省高速公路

路况查询

电 话

1. 山西高速公路24小时咨询电话
   0351-12122/7338259
2. 山西省交通管理局高速管理处指挥中心
   0351-5691110
   - 一支队（太原支队）　　0351-5692110
   - 二支队（大同支队）　　0352-8105111
   - 三支队（长治支队）　　0355-2090055
   - 四支队（运城支队）　　0359-2563400
3. 山西省交通运输管理局运政热线　　0351-96566

网 站

1. 山西省公众出行交通信息服务网路况信息
   chx.cngaosu.com/gaosulukuang/shanxi2.html
2. 山西省交通厅高速路况信息
   chx.cngaosu.com/gaosulukuang/shanxi.html
3. 高速公路出行服务查询 chx.cngaosu.com
   高速公路路况在线查询 chx.cngaosu.com/gaosulukuang

（以上电话供参考，如有变化请查询当地114）

国家正式命名前

山西省高速公路名称

单位：公里

路线	区间	里程
大运高速		总长 666
	大同—新广武—原平—忻州—太原—祁县—临汾—侯马—运城	
大运高速（大同段）		
得大高速	得胜口—大同	47
大同环城高速	得胜口—古店	33
京大高速（山西段）	阳高—大同	60
宣大高速	宣化—大同	59
朔州高速		
大新高速	怀仁—新广武	128
大新高速支线	新广武—朔州	27
忻州高速		
新原高速	新广武—原平	57
原太高速	原平—太原	94
太旧高速	太原—旧关	144
太原高速		总长 235
太原环城高速		85
东南环城高速		42
西北环城高速		43
罗夏祁高速		65
太长高速	太原—长治	200
太祁高速	晋源—祁县	65
吕梁高速		
夏汾段	夏家营—汾阳	56
汾离段	汾阳西—离石西	78
离军段	离石西—军渡	39
长晋高速	长治—晋城	93
长邯高速	长治—邯郸	55
祁临高速	祁县—临汾	175
临汾高速	临汾—新绛	50
翼侯高速	翼城—新绛	67
晋焦高速	晋城—焦作	32
晋济高速	晋城—济源	30
晋阳高速	晋城—阳城	36
运城高速		总长 299
侯禹段	侯马—禹门口	66
侯运段	侯马—运城	98
运风段	运城—风陵渡	92
运三段	运城—三门峡	43

（以上里程数仅供参考）

挂壁
太行山挂壁公路

巍巍太行，奇峰峻岭，而"挂壁公路"堪称世界一绝！挂壁公路，言外之意，就是在悬崖陡壁上人为地开出一条穿越山体的道路来。工程奇险艰难，在世界筑路史上都极为罕见。游人叹道：这是感觉"把命攥在手里走路"啊！挂壁公路，是生活在太行山深处的人民，祖祖辈辈为了走出大山，数十年如一日，不畏艰险，以百折不挠的愚公精神，硬是用血汗和生命开凿出来的奇迹工程。嶙峋怪石的洞顶，面临万丈深渊的窗口，蜿蜒如蛇的通道，形成了一道旅游奇观。

山西的挂壁公路有以下几处：

▲ 陵川县·锡崖沟挂壁公路
▲ 陵川县·昆山王莽岭挂壁公路
▲ 陵川县·陈家园挂壁公路
▲ 平顺县·虹梯关挂壁公路
▲ 平顺县·窑底挂壁公路

山西国道 里程表

单位：公里

108 国道　　827
涞源—[29]马斗关—[141]繁峙—[31]代县—[63]原平—[33]忻州—[43]阳曲—[31]太原—[27]晋中—[36]太谷—[22]祁县—[22]平遥—[25]介休—[31]灵石—[38]霍州—[73]临汾—[28]襄汾—[34]曲沃—[10]侯马—[13]新绛—[23]稷山—[27]河津—[47]韩城

109 国道　　230
七十沟—[66]右玉—[24]左云—[57]大同—[30]大同县—[53]阳原

207 国道　　517
西柏坡—[84]荫营—[24]阳泉—[10]平定—[25]昔阳—[48]和顺—[39]左权—[86]黎城—[32]潞城—[17]长治—[56]高平—[42]晋城—[7]南村—[47]省界

208 国道　　577
长治—[83]沁县—[81]东关—[41]小店—[13]太原—[31]阳曲—[43]忻州—[33]原平—[116]山阴—[41]怀仁—[44]大同—[45]丰镇

209 国道　　836
清水河—[56]水泉—[38]偏关—[82]五寨—[39]岢岚—[68]岚县—[66]方山—[46]离石—[21]中阳—[47]交口—[47]隰县—[40]大宁—[52]吉县—[30]乡宁—[62]河津—[55]临猗—[28]运城—[49]平陆—[10]三门峡

307 国道　　429
井陉—[41]旧关—[39]平定—[10]阳泉—[36]寿阳—[69]太原—[22]晋源—[17]清徐—[16]交城—[19]文水—[31]汾阳—[81]离石—[28]柳林—[20]吴堡

309 国道　　471
宜川—[74]吉县—[110]临汾—[87]安泽—[77]屯留—[37]潞城—[32]黎城—[37]涉县

（以上里程数仅供参考）

山西各地省级公路里程表

单位：公里

山道弯弯 / 长治·平顺·张家凹

注：右图中，山西省行政市后的数字表示从太原市到这些城市之间的大约自驾里程，仅供参考。

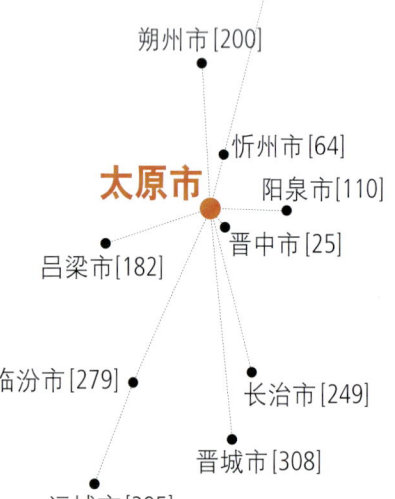

大同市 [278]
朔州市 [200]
忻州市 [64]
阳泉市 [110]
太原市
晋中市 [25]
吕梁市 [182]
临汾市 [279]
长治市 [249]
晋城市 [308]
运城市 [395]

太原市 ➡ 各市、县的大约自驾里程
小店区 [10]　　晋源区 [18]　　阳曲县 [21]
清徐县 [49]　　古交市 [60]　　娄烦县 [133]

大同市 ➡ 各市、县的大约自驾里程
大同县 [26]　　阳高县 [40]　　新荣区 [50]
浑源县 [50]　　天镇县 [65]　　左云县 [84]
广灵县 [121]　 灵丘县 [141]

阳泉市 ➡ 各市、县的大约自驾里程
郊　区 [6]　　 平定县 [10]　　盂　县 [41]

朔州市 ➡ 各市、县的大约自驾里程
平鲁区 [24]　　山阴县 [39]　　怀仁县 [83]
应　县 [92]　　右玉县 [94]

晋中市 ➡ 各市、县的大约自驾里程
太谷县 [40]　　寿阳县 [52]　　祁　县 [63]
榆社县 [65]　　平遥县 [84]　　昔阳县 [116]

介休市 [123]　　和顺县 [133]　　灵石县 [146]
左权县 [176]

代　县 [77]　　静乐县 [87]　　宁武县 [92]
繁峙县 [100]　　神池县 [123]　　五寨县 [161]
岢岚县 [200]　　偏关县 [248]　　保德县 [255]
河曲县 [283]

吕梁市 ➜ 各市、县的大约自驾里程
中阳县 [17]　　柳林县 [22]　　方山县 [47]
临　县 [61]　　汾阳市 [70]　　交口县 [74]
孝义市 [89]　　文水县 [99]　　岚　县 [115]
交城县 [118]　　石楼县 [120]　　兴　县 [134]

临汾市 ➜ 各市、县的大约自驾里程
洪洞县 [26]　　襄汾县 [29]　　浮山县 [50]
霍州市 [54]　　曲沃县 [56]　　古　县 [58]
侯马市 [68]　　汾西县 [76]　　翼城县 [77]
安泽县 [81]　　乡宁县 [89]　　蒲　县 [89]
吉　县 [117]　　大宁县 [131]　　隰　县 [173]
永和县 [224]

长治市 ➜ 各市、县的大约自驾里程
壶关县 [14]　　长治县 [15]　　潞城市 [23]
长子县 [24]　　屯留县 [34]　　平顺县 [39]
襄垣县 [51]　　黎城县 [66]　　武乡县 [99]
沁　县 [104]　　沁源县 [107]

晋城市 ➜ 各市、县的大约自驾里程
泽州县 [8]　　高平市 [37]　　阳城县 [48]
陵川县 [57]　　沁水县 [87]

运城市 ➜ 各市、县的大约自驾里程
夏　县 [21]　　临猗县 [26]　　平陆县 [36]
闻喜县 [41]　　万荣县 [47]　　永济市 [52]
稷山县 [68]　　芮城县 [73]　　河津市 [75]
绛　县 [84]　　新绛县 [85]　　垣曲县 [112]

忻州市 ➜ 各市、县的大约自驾里程
定襄县 [21]　　原平市 [30]　　五台县 [68]

（以上里程数仅供参考）

太行天路 / 长治·平顺·虹梯关乡

山西省高速公路示意图

列车时刻表 · 太原站 ·

车次	区段	发到站时间	特等软卧	一等硬卧	二等硬座	车次	区段	发到站时间	特等软卧	一等硬卧	二等硬座
G91	北京西—太原	08:30—11:00	364	285	194	D2007	石家庄—太原	06:44—08:07	197.5	78.5	65.5
G92	太原—北京西	08:30—11:00	605	285	194	D2008	太原—石家庄	19:36—21:00	/	78.5	65.5
G601	北京西—太原	07:35—10:20	605	285	194	D2009	石家庄—太原	07:22—08:39	/	78.5	65.5
G602	太原—北京西	07:07—09:53	605	285	194	D2010	太原—石家庄	21:05—22:28	197.5	78.5	65.5
G603	北京西—太原	09:15—12:08	605	285	194	G622/3	广州南—太原	07:53—17:41	2677	1335	851
G604	太原—北京西	11:43—14:31	364	285	194	G624/1	太原—广州南	10:46—20:48	2677	1335	851
G605	北京西—太原	10:15—13:07	605	285	194	G626/7	郑州东—太原	08:00—11:40	795	381	255
G606	太原—北京西	12:40—15:25	605	285	194	G628/5	太原—郑州东	17:53—21:25	795	381	255
G607	北京西—太原	11:32—14:17	605	285	194	G632/3	武汉—太原	10:00—15:51	/	742.5	480.5
G608	太原—北京西	13:43—16:38	605	285	194	G634/1	太原—武汉	12:10—18:24	1507.5	742.5	480.5
G609	北京西—太原	15:10—18:03	364	285	194	G636/7	武汉—太原	11:59—17:27	1507.5	742.5	480.5
G610	太原—北京西	14:38—17:24	605	285	194	G638/5	太原—武汉	16:16—21:50	/	742.5	480.5
G611	北京西—太原	17:00—19:52	605	285	194	Z96/7	上海—太原	19:07—09:15	509.5	321.5	180.5
G612	太原—北京西	18:06—20:53	605	285	194	Z98/5	太原—上海	19:51—09:35	509.5	312.5	180.5
G613	北京西—太原	17:56—20:43	605	285	194	Z194/1	沈阳北—太原	17:53—06:31	456.5	289.5	/
G614	太原—北京西	19:20—22:07	364	285	194	Z192/3	太原—沈阳北	21:13—09:37	456.5	289.5	/
G615	北京西—太原	20:21—23:13	605	285	194	T8	成都—太原	09:50—07:06	537	339	192
G616	太原—北京西	20:13—23:09	605	285	194	T7	太原—成都	22:36—20:50	537	339	192
D2001	北京西—太原	07:10—10:33	/	217	152	T28	拉萨—太原	13:48—03:17	1084	680	323
D2002	太原—北京西	09:10—12:52	/	217	152	T27	太原—拉萨	00:56—15:40	1084	680	323
D2003	北京西—太原	13:19—16:45	/	217	152	T28	西宁西—太原	12:20—03:17	440.5	279.5	156.5
D2004	太原—北京西	11:11—14:53	/	217	152	T27	太原—西宁西	00:56—15:50	440.5	279.5	156.5
D2005	北京西—太原	15:20—18:45	/	217	152	T42	西安—太原	18:18—03:32	285	184	102
D2006	太原—北京西	17:15—21:05	/	217	152	T41	太原—西安	20:19—05:02	285	184	102
Z55	北京西—太原	16:20—21:29	204	132	/	T70	乌鲁木齐—太原	10:03—14:37	767.5	480.5	273.5
Z56	太原—北京西	09:33—14:35	204	132	/	T69	太原—乌鲁木齐	15:28—20:29	767.5	480.5	273.5
T7	北京西—太原	17:12—22:36	204	132	72	T275/8	银川—太原	20:28—04:24	275	176	98
T8	太原—北京西	07:06—12:40	204	132	72	T277/6	太原—银川	00:25—08:13	275	176	98

- 以上结果依据"中国铁路服务中心"网站（www.12306.cn）2012年12月28日前发布的信息录入，如有变动，请以火车站售票处当日公布列车时刻及票价为准，预订火车票请到正规售票点。
- 以上结果仅为部分太原站列车时刻和价格，仅供参考。
- **G**：高速动车组；**D**：动车组；**Z**：直达快速列车；**T**：特快列车。
- "特等、一等、二等"表示高速动车组的价格等级划分。
- "软卧、硬卧、硬座"表示除高速动车组以外的价格等级划分。
- 部分"直快"列车还设有高级软卧，上表由于版面所限省略。

山西省铁路示意图

图例
- 省会
- 市行政中心
- 县(市、区)
- 省界
- 高速铁路
- 国家铁路
- 国家铁路支线
- 地方铁路
- 地方铁路支线

部分火车票代售点电话

代售点	电话	代售点	电话	代售点	电话
太原并州东街店	0351-4153350	迎泽西大街店	0351-6773490	交城新开路店	15383686780
太原南内环街店	0351-4291557	清徐美锦大街店	0351-5733136	孝义市迎宾路店	18735893967
太原体育西路店	0351-7689437	双塔东街店	0351-5240733	通宝路科技街店	18734543668
太原学府街店	0351-7432788	建设南路店	0351-7059693	介休新华南店	0354-7256756
南中环街店	0351-2515453	解放北路太钢店	0351-3123900	介休绵山北店	0354-7214787
解放北路矿机店	0351-3579200	中北大学店	0351-3921441	文水东大街店	0358-3012189
新建北路店	0351-3531876	漪汾街店	0351-6387007	汾阳胜利西街店	0358-3338179
桃园南路店	0351-4151992	柏杨树街店	15340704275	吕梁滨河南路店	0358-2258082
和平北路店	0351-6286828	晋源新区店	15340667734	吕梁久安路店	0358-8285665
千峰北路店	0351-6162462	西峪东街店	15340704376		

部分航空公司
咨询电话、网站

中国国际航空公司　　4008100999　　www.airchina.com.cn
中国东方航空公司　　　　　95808　　www.ce-air.com
中国南方航空公司　　　　　95538　　www.cs-air.com
海南航空公司　　　　8008768999　　www.hnair.com
厦门航空公司　　　　8008582666　　www.xiamenair.com.cn
上海航空公司　　　　　10105858　　www.shanghai-air.com
深圳航空公司　　　　4008895080　　www.shenzhenair.com
山东航空公司　　　　0531-96777　　www.shandongair.com.cn
四川航空公司　　　　028-88888888　　www.scal.com.cn
春秋航空公司　　　　021-62692626　　www.air-spring.com
联合航空公司　　　　8008100099　　www.cu-air.com
奥凯航空公司　　　　022-24903464　　www.okair.com
鹰联航空公司　　　　028-66668888　　www.ueair.com
太原市佳速达航空服务有限公司 0351-7821111　4727345

山西省机场
通航城市

太原武宿国际机场　　0351-7012355
北京　天津　上海　广州　长沙　重庆　郑州
武汉　桂林　南宁　深圳　海口　汕头　三亚
贵阳　昆明　成都　福州　厦门　南京　杭州
济南　合肥　温州　威海　青岛　大连　烟台
哈尔滨　沈阳　长春　银川　西安　兰州　榆林
乌鲁木齐　南昌　呼和浩特　包头　运城　长治
大同　香港　澳门　台北　台中　新加坡　大阪
曼谷　静冈　仁川　济州岛

大同云冈机场　　0352-5688114
北京　上海　太原　长治

长治王村机场　　0355-2176465
北京　上海　广州　成都　太原　大同

运城张孝机场　　0359-2598158
北京　天津　上海　重庆　广州　深圳　成都
太原　南京　厦门　海口　三亚　福州　贵阳
武汉　沈阳　昆明

太原 航班 时刻表

起始地	目的地	航班号	班期	起飞时间	到达时间	机型
太原	北京	CZ5291	1-7	07:40	08:40	738
太原	上海	MU563	1-7	07:25	09:50	JET
太原	天津	GS6608	1-7	16:20	17:30	E90
太原	广州	MU5251	1-7	08:20	10:55	738
太原	重庆	CZ6579	1-7	10:35	12:35	319
太原	长沙	HU7333	2.3.4.6.7	14:00	17:00	738
太原	郑州	GR1533	1.3.5.6	17:50	19:05	MA6
太原	武汉	HU7460	1-7	17:25	19:00	190
太原	桂林	GD5520	1-7	13:50	16:35	JET
太原	南宁	HU7460	1-7	17:25	21:40	190
太原	深圳	HU7325	1-7	07:50	10:35	738
太原	海口	GD5520	1-7	13:50	18:40	JET
太原	汕头	CZ6298	2	21:20	00:50	737
太原	贵阳	GS6533	1-7	14:55	17:10	E90
太原	昆明	MU5499	1-7	08:05	11:10	738
太原	成都	MU5233	1-7	08:00	09:50	738
太原	福州	MU5253	1-7	10:35	13:05	737
太原	厦门	HU7863	1-7	08:30	12:10	738
太原	南京	MU2441	1-7	11:00	13:00	737
太原	杭州	CZ5948	1-7	13:35	15:20	737
太原	济南	CA4978	1-7	12:50	13:50	CR2
太原	合肥	HU7863	1-7	08:30	10:05	738
太原	温州	MU2165	2.4.5.6.7	15:40	17:55	738
大同	威海	GS7475	1.4.5.7	12:30	15:15	ERG
太原	青岛	CA4612	1-7	18:35	20:05	738
太原	大连	CZ6580	1-7	16:20	17:50	319
太原	烟台	CA4820	1.7	23:00	00:15	737
太原	哈尔滨	CZ6212	1-7	12:40	14:55	JET
太原	沈阳	CZ6470	1-7	15:05	16:40	320
太原	长春	CZ6172	1-7	18:55	21:10	319
太原	银川	HU6517	1.3.5	10:10	11:30	ERG
太原	西安	CZ6469	1-7	10:50	12:05	320
太原	兰州	CA4607	1.3.5.7	18:50	20:20	CR7
太原	榆林	GR1517	2.5.7	13:10	14:10	MA6
太原	乌鲁木齐	CA4611	1-7	10:05	13:35	738
太原	南昌	CZ6295	2	21:20	22:55	737
太原	呼和浩特	HU9945	1-7	18:20	19:05	32D
太原	包头	GR1541	1.3.5	11:35	13:05	MA6
太原	运城	MU2141	1-7	07:50	08:40	737
太原	长治	MU2203	1-7	07:45	08:15	737
太原	大同	MU2733	1-7	09:50	10:35	EMB
太原	香港	HX357	4.7	15:05	18:00	320
太原	澳门	NX017	1.3.5.7	08:30	11:20	JET
太原	台北	FE102	6	16:45	19:45	M83
太原	新加坡	HU485	1.5	07:55	15:45	738
太原	曼谷	MU7019	1.3	21:15	01:05	738

注：上表为太原机场部分航班时刻表，仅供参考。如有变动，请以机场售票处当日公布航班时刻为准，预订机票请到正规售票点。

山西省各地旅游局电话

神龙湾·长治·平顺·东寺头

太原 +0351

山西省旅游局	7325000 / 7322259
太原市旅游局	5679012 / 5679006
杏花岭区文物旅游局	3382571
尖草坪区文物旅游局	5648213
娄烦县文物旅游局	5325020
阳曲县文物旅游局	5526818
清徐县文体局	5722423
古交旅游局	5141343

大同 +0352

大同市旅游局	5022674 / 5137307
大同县旅游局	8019538
天镇县旅游局	8627897
浑源县旅游局	8331438
广灵县旅游局	6625500

朔州 +0349

朔州市旅游局	2022693 / 2024601
应县旅游局	5066190
山阴县旅游局	7092298
右玉县旅游局	8021259

忻州 +0350

忻州市外事旅游局	3031715
忻府区旅游局	2021765
原平市旅游局	8224014
偏关县旅游办公室	7655665
定襄县文物旅游局	6030737
五台山旅游局	6543133
河曲县旅游局	7225555
宁武县旅游局	4721369
五寨县旅游办公室	4333731
神池县旅游办公室	4243121
宁武县旅游局	4721369
繁峙县旅游局	5580606
代县旅游局	5227354

阳泉 +0353

阳泉市外事旅游局	2293627 / 2013987
盂县旅游局	8096140
平定县旅游局	6188982

晋中 +0354

晋中市外事旅游局	2636533
晋中榆次区旅游局	3368280
太谷县文物旅游局	6228605

祁县文物旅游局	5243703
介休市旅游局	7212372
灵石县旅游局	7612554
平遥县旅游局	5868113
寿阳县旅游局	4626841
榆社县旅游局	6623717
昔阳县旅游局	4326370
左权县旅游局	8630929
和顺旅游局	8130869 / 8130096
榆次区文物旅游局	3368279
左权县旅游局	8630929

长 治 +0355

长治市文物旅游局	2035096
壶关县旅游局	8661224
黎城县旅游发展中心	6561005
长治县旅游局	808083
平顺县文物旅游局	8925906
沁县旅游局	7023657
沁源县旅游局	7839888 / 7939666
屯留县旅游开发中心	7522782
武乡县红色旅游开发中心	6390999 / 6388700

晋 城 +0356

晋城市旅游文物局	2057555
高平市文体旅游局	528717
阳城县旅游局	3290149
沁水县旅游局	7028386
陵川县旅游局	6208396 / 6204271
阳城县旅游局	4220149
泽州县文化旅游局	2026008 / 2055001

临 汾 +0357

侯马市旅游局	4224136 / 3569973
临汾市外事旅游局	2038173 / 2038966
霍州市外事旅游局	5624860
古县文物旅游局	8368888
翼城文物旅游局	6551616
尧都区文物旅游局	2591291
洪洞县旅游局	6226653
隰县旅游局	7328518
蒲县文物旅游局	5321423
曲沃县文物旅游局	4522324
吉县旅游中心	7928515
襄汾县外事旅游局	3621686
翼城县旅游局	4933512
安泽县文物旅游局	8525559

吕 梁 +0358

吕梁市文物旅游局	8236509 / 8231851
孝义市旅游局	7626785
离石县旅游局	8223546
方山县旅游局	60233374
汾阳县文物旅游局	7341511
柳林县旅游局	4012800
临县文物旅游局	4423305
文水县文物旅游局	3011661
中阳县文物旅游局	5301840
兴县旅游局	6322367
交口县文物旅游局	5427035
岚县文物旅游局	6725195

运 城 +0359

运城市旅游局	2223395 / 2022380
永济市旅游局	8022804 / 8032660
河津市外市旅游局	5038885
芮城县旅游文物局	3028629
夏县文物旅游局	8531289
稷山旅游中心	5528957
芮城县旅游局	3020966
万荣县文物旅游局	4527977
新绛县文物旅游局	7523731
垣曲县旅游局	6023173

旅游投诉电话

山西省旅游局质监所	0351-7325012
太原市质监所	0351-4070551
大同市质监所	0352-5106215
阳泉市质监所	0353-2010110
长治市旅游局	0355-2035096
晋城市质监所	0356-2023856
朔州市旅游局	0349-2022693
忻州市质监所	0350-3028354
吕梁市质监所	0358-3366108
晋中市质监所	0354-2636528
临汾市质监所	0357-2039173
运城市质监所	0359-2085615

（以上电话供参考，如有变化请查询当地114）

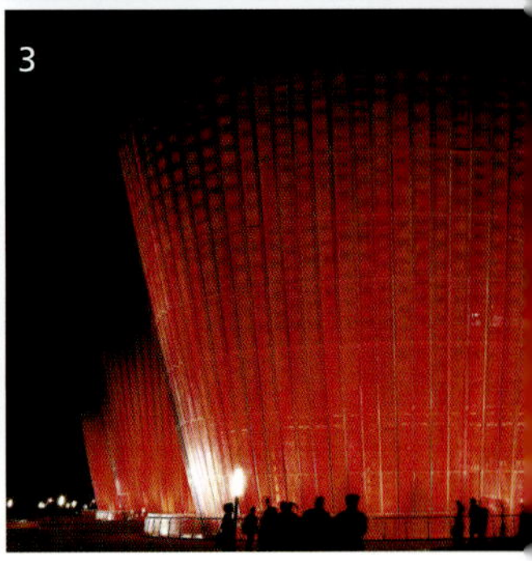

太原·长风
文化商务区

太原长风文化商务区，位于汾河西岸的长风西大街南侧，南北长2.8公里，东西宽1.5公里，总建筑面积282.75万平方米。其主要建筑有：山西大剧院、太原博物馆、太原美术馆、山西省图书馆、山西省科技馆、中国(太原)煤炭交易中心及区域路网、文

化岛平台、公园景观、内河、跨内河桥梁、文化岛跨汾河学府景观桥等，是有2500多年历史的龙城新生的标志。极具时代风格的现代建筑，为古城增添了无限生机，成为太原新的地理标志，也是旅游观光者和市民休闲的极好去处。

1　太原美术馆　　2　山西省科技馆　　3　太原博物馆
4　中国(太原)煤炭交易中心　5　长风商务区周边建筑
6　山西大剧院　　7　音乐喷泉

远眺长风商务区群体建筑

后记

历时三年有余,这本书终于问世了,情不自禁地长长出了一口气……那是2009年,受朋友之托,写了一篇名为《透过镜头,给你一个精彩的山西》的文章,最初是刊登在"中国平遥国际摄影大展"网站上,继而又被画报、报纸转载。起始因是,许多外地的摄影朋友和一些媒体常常问我:你们山西,除了汾酒、陈醋、晋商大院、黄土高原和太行山,还有哪些可以供我们拍摄、旅游的地方?即使在山西、在太原,身边的朋友们也会发出这样的疑问:山西好看的地方在哪里?

几十年来,喜爱摄影的我,一直坚守着山西这片故土,行走在三晋的山川原野、村落乡间。不但领略着那些早已扬名于世的知名景点,更痴迷地寻觅那些尚未被世人所识的、深藏不露的人文景观和自然风貌。尽管它是那么土得掉渣,然而,当你为它拂去尘埃,继而闪出的将是迷人的光彩!

悠悠岁月的古老文明,沉淀厚重的历史景观,令人惊讶的自然风貌,淳朴回归的原生态……游离于眼花缭乱的现代生活,那是我们这片故土的原色,是山西古老文明的宝库,令我动容!一次次的行走,无以计数的镜头画面,点点滴滴的心迹留痕,激情之余,变成了自己的感动。在执笔《透过镜头,给你一个精彩的山西》时,我产生了一个念头:为何不把自己这数十年的影像、文字作品,用一种较为新颖的理念和设计方式,来一个彻底的整合?岂不也是一个山西摄影人对于故乡的回报吗?对一个摄影和文字的喜爱者、一个对生活充满激情的人来说,不也是为朋友们提供了一本可以借鉴的行走蓝本吗？

　　于是便有了这一千多个日日夜夜的策划、构思和行动。三年来，行程万里；三年来，快门无数；三年来，伏案疾书。其中之辛劳和甘苦，潇洒与安危，尽在不言中。难以忘记：冰天雪地的塞外古堡，深山绝境的古村人家；险峻蜿蜒的太行天路，绝壁逢生的山峦幽径……好奇与探险、汗水与快乐、付出与享受交织在了一起，构成了一幅幅心中的美图和心灵的感受：山西大地，晋善晋美。

　　其间，同事、家人，尤其是夫人给予了理解、鼓励和极大的支持。为了使镜头画质更完美，耗资数万元更新了全部摄影设备和电脑，设计方案几易其稿。60岁时获得的驾照由于忽略导致作废，而为了便于外出拍摄再次于66岁时入校学习获得驾照成为一个美丽而感人的笑料……

　　十年前，《梁铭摄影随笔》问世；十年后，步入花甲之年的我，完成了摄影生涯中的又一个心愿。一路走来，心潮澎湃。这是我的家园，这是我的财富！但愿新作的问世，能让世人对山西有更好的了解，能为游者和众多的艺术家打开一片更为宽阔的视野，带来一丝效果，也就不枉自己的初衷了。

　　一本书，就是一个个故事的结晶体。一本书，读懂山西。走进去，慢慢解读，你会获益匪浅。愿《精彩山西游》成为你的挚友，为你在行走途中和生活里带来快乐，增添色彩。

　　祝君健康、如意、快乐！

作者梁铭和夫人李惜玉在山西广武古堡采风（摄影：王彦军）

博客　　梁铭的博客·博联社
网站　　梁铭摄影工作室
QQ　　 436005971
邮箱　　lm4377506@163.com

图书在版编目（CIP）数据

精彩山西游/梁铭编著．——太原：山西人民出版社，2013.6

ISBN 978-7-203-08220-0

Ⅰ.①精… Ⅱ.①梁… Ⅲ.①旅游指南-山西省 Ⅳ.①K928.925

中国版本图书馆CIP数据核字（2013）第123867号

精彩山西游

策　　划：	李广洁
编　　著：	梁　铭
责任编辑：	赵虹霞
校　　审：	李惜玉
装帧设计：	梁　铭　喻文华
制　　作：	山西太报传媒有限公司
出 版 者：	山西出版传媒集团·山西人民出版社
地　　址：	太原市建设南路21号
邮　　编：	030012
发行营销：	0351—4922220　4955996　4956039
	0351—4922127（传真）　4956038（邮购）
E-mail：	sxskcb@163.com 发行部
	xskcb@126.com 总编室
网　　址：	www.sxskcb.com
经 销 者：	山西出版传媒集团·山西人民出版社
承 印 者：	山西太报传媒有限公司
开　　本：	787mm×1092mm　1/16
印　　张：	22.25
字　　数：	150千字
印　　数：	1-5000册
版　　次：	2013年6月　第1版
印　　次：	2013年6月　第1次印刷
书　　号：	ISBN 978-7-203-08220-0
定　　价：	100.00元

如有印装质量问题请与本社联系调换

ART
INVESTMENT
LIFESTYLE

TASTE-PIN

《ASTE品》手机版
p://app.m.cn/w/573